사랑할 땐 별이 되고

1판 1쇄 발행 1997년 3월 20일
2판 1쇄 발행 1997년 4월 7일
3판 1쇄 발행 2008년 12월 5일
3판 12쇄 발행 2023년 3월 20일

지은이 이해인
펴낸이 김성구

콘텐츠본부 고혁 조은아 김초록 이은주 김지용 이영민
마케팅부 송영우 어찬 김하은
관 리 김지원 안웅기

펴낸곳 (주)샘터사
등 록 2001년 10월 15일 제1-2923호
주 소 서울시 종로구 창경궁로35길 26 2층 (03076)
전 화 02-763-8965 (콘텐츠본부) 02-763-8966 (마케팅부)
팩 스 02-3672-1873 **이메일** book@isamtoh.com **홈페이지** www.isamtoh.com

ⓒ 이해인, 2008. Printed in Korea.

이 책은 저작권법에 따라 보호를 받는 저작물이므로 무단 전재와 복제를 금지하며,
이 책의 내용 전부 또는 일부를 이용하려면 반드시 저작권자와 ㈜샘터사의 서면 동의를 받아야 합니다.

ISBN 978-89-464-1738-0 03810

값은 뒤표지에 있습니다.
잘못 만들어진 책은 구입처에서 교환해 드립니다.

사랑할 땐 별이 되고

이해인

우리가 누군가에게 사랑과 기쁨을 주기 위해서는 기도에 못지않은 움직임이 필요하다. 민감한 센스·재치와 함께.

이해인 수녀님을 생각하며

나는 이해인 수녀님을
따스한 오월이라고 생각한다.
그는 오월같이 정다우며
글 또한 신록처럼
맑고 따뜻하다.
이 행운을 그의 글 속에서
나누어 가지는 것은
큰 기쁨이 아닐 수 없다.

1997년 3월

피천득

피천득 선생님은 2007년 5월 25일 98세 생신을 나흘 앞두고 돌아가셨습니다.

개정판을 펴내며

이 책의 제목은 이미 고인이 되신 금아 피천득 선생님께서 붙여주셨기에 새삼 선생님을 향한 애틋한 그리움이 밀려옵니다. 책도 세월과 더불어 조금씩 나이를 먹는 것 같습니다. 흐르는 세월과 더불어 책 속에 등장하는 사람들과 작가 자신에게도 어떤 변화가 있게 마련이니까요.

이 글모음 역시 편지 형식이 많은데 아름다운 편지의 대상이 되었던 일본의 새(鳥)아줌마도 몸이 많이 아픈지 요즘은 더 이상 소식이 없어 궁금합니다. 〈어느 소년의 미소〉의 주인공은 수십 년 만에 처음으로 캐나다에서 누나를 통해 저의 쾌유를 비는 정성 어린 편지를 손자의 그림과 같이 보냈습니다.

올 여름부터 제가 암 선고를 받고 몸이 많이 아프고 보니 지난날에 썼던 글들이 더 소중하게 여겨지는지도 모르겠습니다.

몇 년 전에 개정판을 낸 산문집《꽃샵》이 많은 사랑을 받고 있듯이 1997년 봄에 초판을 낸《사랑할 땐 별이 되고》도 40쇄 이상을 찍은 걸 보면 독자들의 사랑을 참 많이 받았음을 알 수 있습니다.

  새로 단장하는 이 책 또한 독자들의 가슴속에서 한 점 별이 될 수 있기를 기도하는 마음으로 푸른 하늘을 올려다봅니다. 단풍이 불타는 가을숲을 바라보며 오랜 세월 저의 글들을 애독해주신 미지의 독자들께도 고운 사랑을 전하고 싶습니다. 오래된 책에 다시 아름다운 새 옷을 입혀준 샘터사에도 깊이 감사드립니다.

2008년 가을

이해인 Claudia 수녀

| 차례 |

이해인 수녀님을 생각하며 · 피천득
개정판을 펴내며

사랑할 땐 별이 되고 기도일기

사랑할 땐 별이 되고 15
봄꽃들의 축제 22
사랑의 말은 32
흰구름 단상 36
가을엔 바람도 하늘빛 52
새가 있는 언덕길에서 57
해질녘의 단상 63

수녀 언니 수필

수녀 언니 73
헝겊 주머니 79
손님맞이 84
새(鳥) 아줌마의 편지 88
어느 소년의 미소 94
튤립꽃 같은 친구 102
사람 사이의 틈 108
먼 듯 가까운 죽음을 생각하며 112
마음의 작은 표현들 118
복스러운 사람 121
밝은 마음, 밝은 말씨 125
잎사귀 명상 128
자면서도 깨어 있네 132
성서聖書 읽는 기쁨 135
선물의 집 138
너무 늦지 않게 142
내가 꿈꾸는 문구점 146
슬픔은 두고두고 우리네 일이네 · 주희를 추모하며 150
첫영성체의 하얀 기쁨 156

친구에게 편지

친구에게 161
사랑이 참되기 위해서는 • 마더 데레사께 166
캘커타의 아침 해처럼 • 마더 데레사께 170
꽃씨와 도둑 • 금아琴兒 피천득 선생님께 173
비오는 날의 편지 • 법정 스님께 180
사랑하면 될 텐데 • 박완서 선생님께 186
처음에 지녔던 사랑으로 • 유진 수사님께 190
수평선을 바라보며 • 노영심에게 194
혼자만의 시간 • 스테파노 선생님께 198
5월의 편지 • 청소년들에게 203
여러분이 스타입니다 • 청소년들에게 205
월동 준비를 하며 • 숙미에게 209
구슬비 시인 • 권오순 선생님께 212
어느 날의 죽음을 생각하며 • 숙영 언니께 217
어린 왕자를 생각하며 • 생텍쥐페리에게 221
강으로 살아 흐르는 시인이여 • 시성 타고르에게 225

다시 시작하는 기쁨으로 기도시

다시 시작하는 기쁨으로 233
새해엔 이런 사람이 237
부활절 아침에 241
어머니께 드리는 노래 245
성모 성월에 248
언젠가 하나 되리라는 믿음으로 252
휴가 때의 기도 256
다시 대림절에 260
우리를 흔들어 깨우소서 263
슬픈 기도 · '삼풍' 사고의 희생자들을 기억하며 267
성탄 편지 271
한 해를 돌아보는 길 위에서 274
들음의 길 위에서 278
만남의 길 위에서 282
와사등의 불빛처럼 · 고故 김광균 선생님께 286
마지막 기도 · 요산樂山 김정한 선생님 고별식에서 289
사랑의 길 위에서 · 고故 이광재 디모테오 신부님께 292

사랑할 땐 우리도 별이 되고
이미 별나라에 들어가 살고 있는 것입니다
심하게 부딪치고도 깨어지지 않는
지상에서의 사랑을 별나라에까지 늘고 갑니다

사랑할 땐 별이 되고

기 도 일 기

사랑할 땐 별이 되고

우리가 누군가에게 사랑과 기쁨을 주기 위해서는 기도에 못지않은 움직임이 필요하다. 민감한 센스. 재치와 함께.

성서를 읽다가 '믿음의 선한 싸움'이란 성구(聖句)가 마음에 와닿았다.

겉으로는 드러나지 않고, 서로 눈치챌 수도 없지만 우리 각자는 하루하루 내면의 선한 싸움을 하고 있는 것이리라. 이기심을 버리고 좀 더 넓어지려는, 좀 더 깊어지려는 그리고 좀 더 따뜻해지려는 선한 싸움을…….

❋

늘 바다 가까운 하늘에서 떠오르던 해를 보다가 오늘은 동백섬 옆 산 위로 떠오르는 붉은 해를 보았다. 해가 떠오르는 모습을 보면 언제라도 가슴이 설렌다. 햇볕이 잘 드는 방에서 사는 고마움. 햇볕은 습기, 곰팡이도 없애주고 우리에게 밝음, 기쁨을 선사해 준다.

나도 늘상 햇볕 같은 사람으로 살 수 있다면 얼마나 좋을까.

❋

큰 수술 뒤에 깊은 잠에서 깨어난 환자가 회복실에서 처음으로 사랑하는 이의 얼굴을 바라보고, 푸른 하늘을 바라보고 새삼 감격스러워하듯이 그렇게 하루하루를 살아가고 싶다. 살아가는 모든 날들이 나에겐 새날이요, 보물로 꿰어야 할 새 시간이요, 사랑할 수 있는 새로운 가능성임을 잊지 말자.

❋

'아주 작은 것, 하찮은 것에서도 이기심을 품지 않는 것은 생각보다 어렵지? 그러나 결국 나보다는 남을 좀 더 위하고 생각하는 마음을 행동으로 실천하는 노력을 게을리하지 않을 때만 진정한 평화가 있음을 체험했지? 좋은 일에도 이기심과 욕심은 금물이야.

이것만 터득해도 살기가 좀 더 쉬워질 텐데…… 그렇지?'

방으로 가는 층계를 오르다가 문득 멈추어 서서 내가 나 자신을 향해 했던 말.

❋

바쁨 속에도 기쁨과 평화가 있다. 유순한 마음, 좋은 마음, 기도하는 마음으로 일을 할 때는 정신없이 바빠도 짜증이 나지 않고 즐겁다.

나의 삶이 노래가 된다는 것은 그럭저럭 시간을 메우는 데 있지 않고, 순간순간 최선을 다하며 정성껏 살아가는 데 있는 것이다.

너무도 빨리 지나가버리는 젊음이지만 비록 나이가 들더라도 가슴엔 노래가 흐르게 하라. 혼자 있어도 즐거울 수 있는 노래의 기쁨.

❋

어린 시절, 혼자만의 비밀 서랍을 갖고 즐거워했던 것처럼 내 마음 안에도 작은 서랍이 있다. 사랑과 우정과 기도, 내 나름대로의 좌우명과 아름다운 삶의 비결을 모아둔 비밀 서랍. 그래서 누가 나를 좀 힘들게 하더라도 이 서랍에서 얼른 지혜를 꺼내 최선을 다하면 슬프지 않다.

❋

　식탁에서 어떤 이가 나더러 "그리 복잡한 가운데서도 십여 년 전 책갈피에 끼워놓았던 자료까지 다 찾아내는 걸 보면 정말 놀랍다니까요. 어떻게 그런 걸 다 기억할 수 있지요?" 하는 말을 듣고 그 옆자리에 있던 다른 이가 말했다.
　"아마 우리는 잘 이해 못하지만 하느님의 기억력은 더하시겠지요? 우리가 아무리 여럿이라도 빠짐없이 다 기억하고 사랑하시는 참 놀라운 분이시잖아요."
　수도생활을 나보다 훨씬 오래 한 선배 수녀님의 그 진지하고도 소박한 표정이 오랫동안 내 마음을 떠나지 않았다. 며칠 전에 내가 방을 옮겼다고 고운 유리컵과 과자 한 봉지를 내가 없는 사이 살짝 두고 가셨던 티나 수녀님의 고운 마음 또한.

❋

　주일主日이 주는 고즈넉한 평화와 기쁨. 주일만큼이라도 평일에 숨차게 뛰었던 자신을 쉬게 해주고, 필요한 영적 활력을 채워주지 않으면 안 된다. 내가 나를 위해서도 의미 있는 시간을 가져야 남을 위한 배려나 봉사도 더 잘할 수 있다는 생각이 든다.

✽

　탁 트인 바다와 수평선을 바라보는 내 마음엔 그대로 푸른 시詩와 기도가 흐르네.

　수평선을 바라보며 매일을 사는 것 또한 얼마나 아름다운 특권이요 기쁨인지! 오늘은 바닷가 산책 중에 손을 씻으려다가 실수로 발목까지 다 적시게 되었지만 그 느낌이 매우 좋았다. 강물, 시냇물, 산골짜기에 흐르는 물에 발을 담근 것과는 또 다른 느낌이었지.

　짜디짠 소금물에 발을 담갔으니 내 마음에도 조금은 소금물이 들었겠네.

✽

　새벽부터 나의 단잠을 깨우는 새소리. 문득 잠을 깨면 나뭇가지의 새들도, 키 큰 나무들도 내 방을 가만히 들여다보는 것 같아 정다운 느낌이다. 가장 가까이 서 있는 정향나무 한 그루에게 나는 이렇게 말했지.

　'나무야, 네 눈빛만 보아도 나는 행복해. 쓰러질 듯 가느다란 몸으로 그토록 많은 잎과 열매를 묵묵히 키워내는 너를 오래오래 바라보고 있으면 나는 더욱 살고 싶어져. 모든 슬픔을 잊게 돼. 바람에 흔들리는 네 소리만 들어도 나는 네 마음을 알 것 같아. 모든 이를 골고루 행복하게 해주고 싶어 애쓰는 너. 우리 엄마처럼 웬만한

괴로움은 내색도 않고 하늘만 쳐다보는 네 깊은 속마음을 알 것 같단 말이야.'

'별을 보면 겸손해집니다'라는 기사를 미국에 사는 진주 씨가 보내주었다. '천문학의 매력은 인간이 생각할 수 있는 가장 큰 것, 가장 멀리 있는 것, 가장 오래된 것, 가장 궁극적인 것을 찾아가는 데 있습니다. 복잡한 일상, 슬픔까지도 무한한 우주에 대비해보면 극히 짧은 한 부분이라는 것을 깨닫게 됩니다'라는 구절이 기억에 남는다. 어느 날 별을 바라보다 쓴 나의 글 〈어떤 별에게〉 한 편을 다시 읽어본다.

   나는 당신의 이름을 모르지만
   산에서 하늘을 보면
   금방이라도 가까이
   제 곁에 내려앉을 것 같습니다
   다른 별에 비하면
   지구는 아주 작은 별이라는 걸
   얼른 이해할 수 없듯이
   때로는 그 안에

먼지처럼 작은 내가 있음을
자주 잊어버리며 삽니다
요즘은 혜성, 목성의 거대한 충돌로
온 세계가 하늘을 보고 놀라워하는데
큰 별과 별, 천체의 부딪침이 신기하고 놀랍듯이
지구에 사는 사람들의 마음과 마음이
어느 순간 섬광처럼 부딪쳐 일어나는
사랑의 사건 또한
얼마나 아름답고 놀라운 것인가요?
누가 눈여겨보지 않아도
그 황홀한 내면의 빛은
소리 없이 활활 타올라
우주를 밝히고 세상을 구원합니다
그래서 사랑할 땐 우리도 별이 되고
이미 별나라에 들어가 살고 있는 것입니다
심하게 부딪치고도 깨어지지 않는
지상에서의 사랑을 별나라에까지 들고 갑니다

봄꽃들의 축제

✽

누워서도 하늘과 숲을 바라볼 수 있는 나의 작은 수방(修房)을 사랑한다. 새들의 노랫소리와 나무들의 기침 소리가 거침없이 들어와 나를 흔들어 깨우는 새벽. 나의 가슴엔 풀물이 든다. 송진 내음 가득한 솔숲으로 뻗어가는 나의 일상. 너무 고요하고 평화스러워 늘상 송구한 마음으로 시작되는 나의 첫 기도.

✽

사방엔 온통 봄꽃들의 축제인데 내 마음엔 왜 이리 봄이 더딘가. 마음의 메마름은 슬픔이다. 작은 일에 기뻐하고 감동할 수 없는 무딤과 무관심은 수도생활에도 지장을 준다. 비온 뒤의 정원은 더욱 아름답다. 수선화, 모란, 자목련, 은방울꽃, 조팝나무꽃, 영산홍, 산딸나무꽃, 사과꽃들이 향기를 토해내는 안 정원에 오랜만에 가보았다. 단조로운 일상에서 다양한 모습의 꽃들을 볼 수 있음은 얼마나 큰 즐거움인가. 한바탕 꽃을 피우고 나서 조용히 떠나가는 그 모습 또한 얼마나 의연한가. "수녀원에 생각보다 꽃이 많네요!" 하고 손님들이 감탄을 할 때마다 나는 기쁘다.

오늘 아침 성당에서 만난 부활초 옆의 패랭이꽃이 하도 반가워서 가슴이 뛰었다. 내가 열다섯 살의 생일을 맞던 6월에 나의 우상이었던 여고생 세레나 언니가 가파른 언덕길 위의 우리집까지 찾아와 한 다발 안겨주던 추억의 패랭이꽃. 이제는 패랭이꽃처럼 어여쁜 그 언니의 막내딸 아린이가 먼 나라에서 내게 편지를 보내오고 있으니 나도 그 애에게 톱니 모양의 앙증스런 꽃잎을 닮은 고운 추억을 심어주어야겠다.

✽

바깥에 머물던 세월보다 수도원 안에 머문 세월이 더 많아서일까. 잠시 수도원을 떠나 있어도 내 귀엔 문득 귀에 익은 종소리가 들리고, 수녀들이 함께 외우는 기도 소리가 들리고, 풀밭에서 함께 웃는 웃음소리가 들린다. 어디엘 가나 계속되는 이 환청幻聽을 나는 아름다운 것으로 받아들인다.

❇

 서원반지를 이십 년이나 끼고 있던 손가락이 어느 날부터 조금씩 부풀더니 매우 아프기 시작했다. 반지를 빼고 나서도 오래 아프고 말을 안 듣는다. 늘 끼고 있으면서도 잊고 살았던 내 동그란 반지처럼 너무 가깝기에 잊고 산 듯한 나의 하느님, 약속의 하느님을 오늘은 죄송하고 절박한 마음으로 그리워했다. 나는 그분 앞에 늘 염치없는 사람이다.

❇

 섣부른 충고, 경솔한 판단, 자기 사랑, 가벼운 지껄임—하루의 모든 말들이 내가 주워 온 침묵의 돌들 앞에서 부끄러워진다. 며칠 전 안동에 갔다가 칠백 년 되었다는 용계 은행나무 아래서 기념으로 몇 개 주워 온 침묵의 돌들이 밤마다 깊고 고요한 눈길로 나를 길들인다. 침묵으로 노래하라, 침묵으로 기도하라, 침묵으로 사랑하라고.

❇

 단순히 재미로 숨은 그림을 찾는 데도 노력이 필요하듯 삶에 숨겨진 의미를 찾는 데는 더욱 꾸준한 인내와 노력이 필요하다. 겨울에 숨어 있는 봄, 여름에 숨어 있는 가을, 슬픔 속에 숨어 있는 기쁨, 농담 속에 숨어 있는 진담 그리고 또…… 숨은 것을 볼 줄 알면 삶이 지루하지 않다.

사랑하는 이가 내 마음을 헤아리지 못하고 서운하게 할 때는 말을 접어두고 하늘의 별을 보라. 별들도 가끔은 서로 어긋나겠지. 서운하다고 즉시 화를 내는 것은 어리석은 일임을 별들도 안다.

배추잎 속에 숨은 배추벌레처럼 우린 저마다 보호색을 만들기에 능한지도 몰라. 이웃을 위해 만들어가는 사랑의 보호색은 아름답고 따뜻해 보이지만 자신의 유익만을 위한 이기적인 보호색은 차디차고 섬찟하다. 가끔 그럴듯한 모습으로 교묘하게 보호색을 만들어가는 나를 발견할 때마다 나는 내가 보기 싫고 흉해서 얼굴을 돌린다.

남을 향한 비난의 화살은 성급히 쏘아버리지 않도록 최선을 다하고, 다른 이의 나를 향한 비난의 화살은 어떤 것이라도 받아들일 수 있는 각오를 하는 것이 현명하다. 다른 사람을 판단하는 일은 되도록 보류할수록 좋고, 다른 이를 챙겨주고 위해주는 일은 미루지 않고 빨리 할수록 좋다. 진정 이 세상에서 누가 누구를 함부로 심판할 수 있단 말인가?

우리는 어떤 일을 좀 더 깊고 진지하게 생각해보지도 않고 너무 지나치게 속단하는 경향이 있다. 어떤 단체 안에서 가끔은 '천사'라고 소문난 사람보다 고약한 성격으로 악명 높다는 사람에게서 오히려 더 솔직함과 진지함을 발견할 수 있음을 어떻게 설명해야 할까?

❋

이 밤에 하느님도 들으실까. 신음하듯 계속되는 내 옆방 노수녀 老修女의 고단한 잠꼬대를—사랑하는 이를 여의고 깊은 슬픔에 잠긴 벗을 위로하고 싶어 밤새 써지지 않는 시를 생각하다가 더욱 늘어가는 나의 한숨 소리를—창밖엔 오랜만에 비가 내리고 있다.

❋

사람 사는 곳곳마다 교회도 많고, 사원도 많고, 그 안에서 바치는 기도의 종류도 많다. 서로 다른 성격의 종교들도 세상엔 너무 많다. 그래도 평화보다는 분열이 잦고, 역사 안에서 종교인들끼리의 싸움이 많은 경우 전쟁의 원인이 되어왔으며, 이러한 전쟁은 지금도 끊임없이 계속되고 있다. 진리조차 독선이 되어 전쟁을 일으키고 죽음을 불러오는 세상이라면 하느님도, 부처님도, 마호메트도 오고 싶지 않으시겠다. 행복하여라, 평화를 위하여 일하는 사람들!

중부지방에 내린 큰비로 집이 무너지고 많은 사람들이 다쳤다는 소식을 들으면서도 지금 내가 있는 곳엔 햇볕이 쨍쨍하니 전혀 실감 나지 않는다. 다른 이의 몸과 마음이 아픈 걸 빤히 보면서도 내가 아프지 않으면 그저 겉도는 동정을 할 뿐 깊이 실감하지 못하는, 참으로 어쩔 수 없는 인간의 한계. 식량의 위협을 받는 북한 동포들의 소식을 들어도 그저 냉랭하기만 한 나를 반성하며 오늘은 다락방에서 혼자 울었다.

"언니가 무얼 알아? 뭐니뭐니 해도 여자는 아이를 낳아 키워 봐야 철도 들고 인생을 아는 거라구."

불쑥 전화를 걸어 내게 힘주어 말하는 동생에게 나는 잔뜩 주눅이 들어 "그래, 그건 나도 알아. 그러니 이제 어쩌란 말이니?"라고 대꾸해도 왠지 석연치 않은 느낌이다. 그래도 힘들고 괴로운 일만 생기면 제일 먼저 내게 전화를 걸어 "언니야? 언니는 어쨌든 나보다 하느님 가까이 있는 것으로 되어 있으니 급히 기도 좀 해주라.

알았지? 나중에 한턱낼게, 꼭이야"라고 한다. 살아갈수록 결혼도, 인생도 사실은 별것 아닌 것 같은 느낌이 들 때가 많다고, 언니는 가장 좋은 몫을 택했으며, 수녀 되길 정말 잘했다고 곧잘 후렴처럼 덧붙이는 우리집 막내. 나보다 네 살 아래지만 때로는 여러 면에서 언니 같기도 한 아우가 사랑스럽다.

❋

"어디 아파요? 목소리가 힘이 없네." "어때? 건강하지?" 이런 말만 들어도 눈물이 핑 돌며 고마워지는 마음은 내 마음이 약해졌다는 것일까? "언제 한번 다녀가지 그래." "언제 좀 안 올 거야? 보고 싶은데……."

어쩌다 안부를 전해 오는 가까운 친지들의 목소리가 새삼 반갑고 포근하게 여겨지는 것은 내가 조금씩 더 외로움을 탄다는 말일까?

단순하고 평범한 안부의 말이 어떤 멋지고 교훈적인 말보다 훨씬 따뜻하고 깊은 여운을 남길 때가 많다. '불혹이란 자기 몫의 외로움을 겸허하게 견디는 일'이라고 고백한 어느 시인의 표현을 자주 생각해보는 요즘이다.

❋

세수하다 허리를 삐끗하는 바람에 깜짝 놀랐지. 손질을 많이 해도 비가 새는 낡은 집처럼 인간의 육신도 오래 쓰고 나면 고장나게 마련이다. 짧아지는 겨울 오후의 햇빛처럼 갈수록 짧아지는 나의 시간들. 당연히 해야 할 일도 자주 잊어버리는 건망증도 웃음으로 받아들이며 기쁘게 살자. 불안과 초조함은 금물이다.

✽

참된 사랑 안에선 누구나 가족이 됨을 느낀다. 나의 글을 읽는 독자들이 가끔은 아기 이름을 지어달라고 해서 지어준 고운 이름들—시내, 단비, 은비, 서인, 이슬, 보리, 아린, 수아 등을 불러보며 기도 안에 아기들을 자주 안아준다. 아직 다 자라지도 않은 머리에 앙증스런 꽃핀을 꽂아 찍어 보낸 아기의 사진들을 보면 내가 그 애들의 대모가 된 듯한 마음이다. 언젠가 나와 같은 이름의 딸을 가진 시인 승희가 "수녀님은 우리 아이의 '요정 엄마 fairy-godmother'라는 생각이 듭니다. 내 어린 딸을 위해 기도해주시겠어요?"라고 써 보낸 편지의 한 구절도 떠오른다. 아직 얼굴을 마주하지 않았는데도 마음으로 가깝게 이어지는 고운 인연이 많음을 오늘은 새삼 고마워한다.

✽

어느 날 "눈이 빠지게 널 기다렸다"고 내게 눈을 흘기며 마실 물을 건네주던 고운 친구야. 이름을 부를 때마다 내 안에서 찰랑이는 물소리를 내는 그리운 친구야. 네 앞에서만은 항상 늙지 않은 어린 이로 남아 있고 싶다.

내가 가끔 싸움을 걸어도 싸움이 되지 않는, 넓은 대지 같은 친구야. 네가 가끔 '돌깍쟁이'라고 부르는 나도 네 앞에서만은 늘 솔직하지 않을 수 없다.

네 앞에서만은 피곤하고 목마르다는 투정도 좀 부리고 싶다.

✼

내가 세상을 떠날 때는 너를 사랑하던 아름다운 기억을 그대로 안고 갈 거야. 서로를 위해주고 격려하며 설렘으로 가득했던 그 기다림의 순간들을 하얀 치자꽃으로 피워낼 거야.

사람은 가도 사랑은 영원할 수 있음을 나는 믿는다. 졸음이 막 쏟아질 때 들어가 누리는 달콤한 잠의 나라에서처럼 네가 내 곁에 있으면 아무 말 안 해도 편안하고 넉넉하구나. 모든 시름을 잊고 행복할 뿐이구나. 진정 우리의 우정은 아름다운 기도의 시작이구나, 친구야.

✼

이른 아침에 몹시 힘이 들고 몸이 무거울 때마다 창밖에서 나를 깨우는 새들의 가벼움이 부럽다. 일상생활 안에서 우리가 다른 이의 무게를 덜어주기엔 서로 너무 바쁘고 피곤해서 힘이 없는 것 같다. 우선은 자기가 밝고 건강해야 남에게도 기쁨과 위로를 줄 수 있는 게 아닐까?

✽

물 속이 잘 보이게 해를 등지고 선 해오라기처럼 나도 오늘은 해를 등지고 서서 강물을 바라보네. 아무 생각 없이 그저 바라보기만 해도 기쁨이 되는 강물. 나 역시 강물 같은 사랑으로 여기까지 흘러왔음을 강물이 조용히 말해주네.

✽

주님, 오늘 하루도 감사했다고 당신께 아룁니다. 오늘 했던 일, 만났던 모든 사람, 마음속에 자리했던 기쁨, 슬픔, 근심, 불안 그리고 정체를 알 수 없어 두려웠던 어둠의 순간들도 당신께 봉헌합니다. 기도를 바치기엔 늘 복잡하고 정성이 부족했던 저의 준비성 없는 잘못도 봉헌합니다. 오늘 하루를 마무리하기 전에 다시 한 번 기회를 주시는 이 끝기도의 은혜로운 시간을 새롭게 감사드립니다.

사랑의 말은

❋

　시냇물에 잠긴 하얀 조약돌처럼 깨끗하고 단단하게 마음속 깊이 숨어 있던 그 귀한 말, 사랑의 말을 막상 입으로 뱉고 나면 왠지 쓸쓸하다. 처음의 고운 빛깔이 조금은 바랜 것 같은 아쉬움을 어쩌지 못해 공연히 후회도 해본다. 그러나 한 번이라도 더 듣고 싶어 모든 이가 기다리고 애태우는 사랑의 말. 이 말은 가장 흔하고 귀하면서도 강한 힘을 지녔다.

❋

　어려서는 내게 꽃향기로 기억되던 사랑의 말들이 중년의 나이가 된 이제서야 더욱 튼튼한 열매로 익어 평범하지만 눈부신 느낌이다. 비록 달콤한 향기는 사라졌어도 눈에 안 보이게 소리 없이 익어가는 나의 든 사랑의 말은 편안하구나. 어느 한 사람을 향해서 기울이고 싶던 말이 더 많은 이를 향해 열려 있는 여유로움을 고마워한다.

✽

누군가를 처음으로 사랑하기 시작할 땐 차고 넘치도록 많은 말을 하지만, 연륜과 깊이를 더해갈수록 말은 차츰 줄어들고 조금은 물러나서 고독을 즐길 줄도 아는 하나의 섬이 된다. 인간끼리의 사랑뿐 아니라 신神과의 사랑도 마찬가지임을 이제 조금은 알 것 같다. 나는 섬이 되더라도 가슴엔 늘상 출렁거리는 파도가 멈추지 않기를 바란다. 메마름과 무감각을 초연한 것이나 거룩한 것으로 착각하며 살게 될까 봐 두렵다. 살아가면서 우리는 무엇보다도 마음의 가뭄을 경계해야 하리라.

✽

아침엔 조금이나마 반가운 비. 참으로 오랜만에 맡아 보는 하늘 물 냄새. 안팎으로 물이 귀한 세상에 살고 있는 요즘이다. 메마른 세상에 물이 귀하니 사람들 마음 안에도 사랑의 물이 고이질 못하고 인정과 연민이 줄어드는 것인가? 연일 보도되는 사랑 없음의 사건들이 우리를 우울하게 한다. 때로 마음이 아닌 머리로만 살고 있는 것 같은 나 자신과 이웃을 발견하는 일도 슬프다.

✽

진정한 사랑의 말이 아닌 모든 말은 뜻밖에도 오해를 불러일으킬 때가 많고, 그것을 해명하고자 말을 거듭할수록 명쾌한 해결보다는 더 답답하게 얽힐 때가 많음을 본다. 그러므로 소리로서의 사랑의 언어 못지않게 침묵으로서의 사랑의 언어 또한 필요하고 소중하다.

✽

편지나 대화에서 '사랑하는 ○○에게'라고 표현하는 것조차 쉽지 않을 때가 있다. 듣기엔 아름답고 포근한 느낌을 주지만 실상 이 말엔 얼마나 큰 책임의 무게가 따르는가? 어머니의 내리사랑, 언니의 내리사랑이 지극함을 체험할 때면 인간에 대한 하느님의 내리사랑을 더욱 구체적으로 생각하게 된다.

수도원 안에서 내게도 사랑을 베풀어야 할 대상이 날로 많아지지만 난 내리사랑은커녕 동료들과의 마주사랑도 잘 못하고 있으니 언제 한번 제대로 사랑의 명수가 되는 기쁨을 누려볼 수 있을까 걱정이 되네.

✽

　'우리는 함께 살고 있는 사람들의 필요에 민감해져야 한다. 바로 그러한 데서 공동체가 시작될 것이다'라는 장 바니에Jean Vanier의 말을 새겨들으며 이것이 곧 사랑의 아름다운 속성이라 생각해 본다. 그러나 인간은 본능적으로 자기중심적인 경향을 지니고 있어 이웃의 필요보다는 자신의 필요에 더 민감하도록 길들여졌기에 이웃을 위한 사랑의 민감성을 잘 키워가도록 더욱 끊임없이 노력해야 할 것이다.

✽

　진정 자유로운 사람은 마음을 넓혀 가는 사랑 안에서 남을 용서할 수 있는 사람이다. 어떤 사람과 언짢은 일로 서먹한 사이가 되어 누구도 선뜻 다가가지 않는 시간이 길어질 때 먼저 용기를 내어 지난 일을 잊고 마주 웃을 수 있다면 그가 곧 승리자이고, 둘 사이에 막혔던 벽을 용서와 화해로 허물어뜨리는 큰 기쁨을 맛볼 수 있으리라. 이것이야말로 '여러분 안에 소금을 간직하고 서로 평화롭게 지내시오' 하는 복음을 실천하는 길이다. 누구에게도 꽁한 마음을 품지 않도록 관용의 소금을 늘 지니고 살아야겠다.

흰구름 단상

✳

  비온 뒤의 하늘, 하늘 위의 흰구름. 구름이 아름다운 날은 일이 손에 잡히지 않는다. 다른 곳으로 잠시 시선을 둔 사이 어느새 모양이 바뀌는 구름. 어린 시절 그리 했던 것처럼 잔디밭에 누워 흰구름을 실컷 바라볼 수 있으면 좋겠다. 구름에 대한 노래, 구름에 대한 시詩, 구름에 대한 그림을 모으며 나는 구름이 좋아 수녀 이름도 구름cloud으로 하지 않았던가. 시인 헤세Hesse와 셸리Shelley의 '구름', 성서에 자주 나오는 구름의 상징성을 논문으로 쓰고 싶던 나의 갈망도 이젠 구름 속에 숨고 말았다. 푸른 하늘 위에 점점이 떠 있는 흰구름처럼 내 안에 떠다니는 구름 같은 생각들을 종종 종이 위에 적어둔다. 그래서 '흰구름 단상'이라 붙여놓고 내 생각들을 그려

넣으면 이것이 후에는 시와 수필의 소재가 되고 편지도 된다.

❋

나이 들수록 새로운 사귐, 새로운 만남이 혹시 사랑으로 오더라도 왠지 두렵다. 누가 이것을 케케묵은 생각이라 비웃어도 어쩔 수 없다. 항아리 속의 오래된 장맛처럼, 낡은 일기장에 얹힌 세월의 향기처럼, 편안하고 담담하고 낯설지 않는 것이 나를 기쁘게 한다. 새 구두를 며칠 신다가도 이내 낡은 구두를 다시 찾아 신게 되고, 어쩌다 식탁에서 자리가 모자라서 두리번거리다가 새 얼굴인 수녀들이 오라고 해도 오래전부터 알고 지낸 벗들을 얼른 찾아가게 된다. 새로운 것에 적응하면서 살 수 있는 개방성과 신선함이 좋은 것을 모르지 않으면서 역시 옛것이 좋고 오래된 것, 낯익은 것에 집착하는 나이기에 가끔은 답답하리만큼 보수적이고 고루하다는 평을 듣는지도 모르겠다.

❋

미국 제네시 트라피스트 수도원의 유진 수사님이 어디서 구했는지 내가 좋아하는 시인 조이스 킬머 Joyce Kilmer의 사망 이후 그를 추모하는 글이 실린 1918년 8월 19일자《뉴욕 타임스》의 추모 기사 원본을 오려서 보내주어 얼마나 기뻤는지! 거의 팔십 년 된 기

사이니 빛깔이 바래고 찢어져서 너덜너덜해졌지만 원본만이 줄 수 있는 독특한 느낌……. 여러 시인들의 추모 시구를 모아놓은 내용도 마음에 들어 몇 개 복사해서 피천득 선생님과 대학에서 영문학을 강의하는 벗들에게도 나누어주어야겠다.

'시는 나와 같은 바보가 짓지만 나무를 만드는 건 하느님뿐'이라고 노래한 조이스 킬머의 〈나무들〉이란 시가 어느 때보다도 생각나는 날이다. 사소한 일로 마음이 부대끼고 갈등 속에 있다가도 창밖의 나무들을 보고 있으면 마음이 평온해진다. '뭐 그걸 가지고 그래?' 하며 빙그레 웃는 것도 같고……. 나무의 모습을 닮은 성자들의 모습도 떠오르고.

✼

간밤에 웬 꿈을 그리도 많이 꾸었을까? 평소 생활을 반영해주기도 하는 꿈의 세계. 그냥 무시해버리기엔 너무 많은 의미가 있음을 나도 자주 체험하는 편이다. 피정避靜 중에도 지도자들이 가끔 꿈을 주제로 묵상시키는 이유를 알 것 같다. 깨고 나면 잊어버리는 꿈이 더 많지만 수도원에 오래 살면서 나의 꿈의 세계도 이젠 좀 정화되고 아름답게 성숙되고 있음을 문득 느끼며 스스로 고마워할 때가 있다.

✽

"수녀, 잘 있었나? 실은 간밤 내 꿈에 수녀 얼굴이 보여서 말이야. 혹시 무슨 근심거리가 있는가 하고 전화 걸었지." 아침에 걸려온 구상 선생님의 전화. 몇 년 전, 내가 매스컴에 시달리며 괴로워할 때도 옆에서 함께 안타까워하시며 힘과 위로가 되어주셨던 선생님은 내가 당신의 조카딸쯤 되는 것 같다고 웃으신다. "시인 노릇보다도 수녀 노릇을 더 잘해야 한다"고 당부하시던 선생님은 오늘도 사방이 시집으로 둘러싸이고 새소리도 들리는 서재에서 시를 쓰고 계시겠지.

✽

미국 오하이오에서 마종기 시인이 보내준 두 권의 시집,《그 나라 하늘빛》《안 보이는 사랑의 나라》를 여러 번 읽었다. 〈바람의 말〉 〈나비의 꿈〉 〈비오는 날〉 〈우화의 강〉은 내가 특별히 좋아하는 시들이다. 평범한 일상의 삶, 남들이 그냥 지나치기 쉬운 것들에서 그토록 깊고, 절제되고, 따뜻한 시를 끌어낼 수 있는 시인의 눈과 마음을 한껏 부러워했다. 장미꽃 우표가 붙은 그의 편지도 시만큼이나 아름답고 따뜻하다. 어느 성당 기공식에서 기념 삽질을 하며 흙을 붓다가 하늘이 너무 아름다워 왈칵 눈물이 나더라는 이야기도 했다. 아동문학가로 널리 알려진 그의 아버지 마해송 씨의 동화

《모래알 고금》《앙그리께》를 밤새워 읽던 어린 시절의 추억도 새롭다.

'세상 어디엔가 / 우리가 아직 가보지 못한 골목길과 / 우리가 아직 알지 못하던 꽃밭이 / 숨어 있다는 것은 / 그것만으로도 얼마나 희망적인 일이겠니 / 세상 어디엔가 우리가 아직 만나지 못한 사람들이 / 살고 있다는 것은 / 그것만으로도 얼마나 / 가슴 두근거려지는 일이겠니!'

나태주 시인의《사랑이여 조그만 사랑이여》라는 시집 속의 모든 말들은 모두 깨끗하고 아름답다. 비오는 날, 숲의 향기를 맡으며, 새소리를 들으며 이 시집을 읽으면 사슴 닮은 눈을 지닌 내 옛 친구들의 모습이 떠오른다. 나도 늘 좋은 시를 쓰고 싶다. 어쩌다 시상詩想이라도 떠오르면 그 생각을 놓치지 않으려고 메모지에 적어서 베개 밑에 깔고 자곤 한다. 자다가도 생각이 나면 적어놓으려고, 그리고 새로 솟은 생각을 더 깊이 익혀두고 싶어서……. 남들은 단 몇 분 만에 읽어버리고마는 짧은 시라도 쓰는 이에게 그것은 하나의 커다란 기다림이고 인내의 열매이다.

✽

 '우리들보다 더 힘들게 살면서도 / 언제나 우리들보다 더 먼저 용서하는 새들'

 '가벼운 것일지라도 / 새들은 가끔씩 깃털을 버리는가 보다 / 버릴 것은 버리면서 / 가볍게 하늘을 나는가 보다'

 권영상 님의 새들에 대한 시 몇 구절을 새소리 들으면서 읊어보았다. 최근에 작가로부터 받은 동시집 《아흔아홉 개의 꿈》의 갈피마다 살아 숨쉬는 아름다운 시어들, 그의 동시들은 내가 가장 많이 편지나 카드에 인용하는 시이기도 하다.

 오늘은 고운 꽃다발을 선물로 받아 마침 먼 나라에서 수녀원을 방문한 손님에게 드렸더니 매우 기뻐하였지. 결국 선물은 돌고 도는 것, 그래서 더 아름다운 것인지도 모른다. 자기만을 위해서 꽉 붙들고 있는 것보다는 좀 아까운 생각이 들더라도 더 필요한 이에게 선뜻 내어놓을 수 있는 신선함이야말로 인색한 것보다 훨씬 바람직하다.

✽

 하얀 마가렛 꽃들이 피어나기 시작했다. 어찌 꽃들은 그리도 자기의 때를 잘도 알아 피고 지는 것일까. 늘 조심스럽고 성실하면서도 명랑한 모습의 한 사람을 떠올리게 하는 조촐한 꽃. 수도자의 모습도 이와 같았으면 한다.

우리 성당 앞 십자로의 느티나무는 어느새 키도 많이 크고 잎사귀도 많이 달았다. 1991년 9월, 수녀회 60주년 기념식수로 심은 나무가 해를 거듭할수록 풍채를 자랑하고 있구나.

느티나무야, 너는 매일 성당의 종소리를 제일 가까이 듣고 있지? 수녀들의 인사 이동이 있을 적마다 떠나는 이들과 보내는 이들의 겉모습과 속마음을 누구보다 많이 지켜볼 수 있지? 우리집에 드나드는 다양한 손님들의 표정과 마음도 읽을 수 있지? 네가 곁에 있으므로 우리는 늘 정겨운 느낌이 들고 든든하단다.

✽

옷장에 걸어두었던 옷들을 다 꺼내어 다림질하고, 떨어진 곳은 꿰매고 하는 일이 즐거웠다. 사무실에서 하루 종일 서류를 만지는 일과는 다른 느낌이다. 늘 별것도 없는 뻔한 살림인데도 한 번 움직이려면 무엇이 그리 많은지. 좀 더 깔끔하고 소박하게 정리하지 못하고 미루어 두곤 하는 나를 반성한다. 정신의 소유도, 물질의 소유도 모두 필요 외에 여분으로 갖는 것은 자유로운 삶을 방해한다.

예전에 비하면 수도자의 삶의 양식도 많이 편리해지고 부유해졌다고 볼 수 있다. 각 개인이 자기 스스로 절제하고 제동을 걸지 않는다면 타락하기 쉬울 것이다. 원내에 새 건물을 짓는 어수선한 틈을 타 삼십 년 만에 도둑이 두 번이나 들어 우리 모두를 놀라게 했다.

한 번은 우리가 깊이 잠든 밤에, 한 번은 우리가 길게 기도하는 주일 아침에 주방의 유일한 철창까지 부수고 들어와 마음 놓고 볼 일을 본 듯하다. 경리실의 높다란 유리문을 깨고 약간의 현금을 훔친 뒤 의자 뒤에 커다란 발자국까지 남겨놓고 갔다.

그후로 할 수 없이 곳곳에 쇠창살을 하게 되니 날마다 투명하게 탁 트인 유리창으로 꽃, 나무, 하늘, 바다를 내다보던 나의 기쁨이 절반은 줄어든 셈이다. 삼십 년 전의 이곳 산, 바다, 언덕은 평화로웠고, 문단속을 좀 소홀히 해도 이런 일이 없었는데……. 인심도 갈수록 각박해지고 이런 속에 살아야 하는 우리의 모습도 답답하고 우울하다. 하지만 몇 차례나 우리를 몹시 놀라게 한 밤손님의 그 마음도 편치는 않으리라.

"수녀님, 우리 여기 놀이터에서 아주 조금만 놀다 가도 돼요?"라고 우리가 외출할 때마다 동네 어린이들은 우리 유치원을 가리키며 묻곤 한다. "그래, 조금만 놀다 가라. 어두워지기 전에 돌아가야지, 응?" 하고 대답하며 그들이 마음껏 뛰놀 수 있는 공간이 없음을 아쉬워한다.

어린이들을 위해 우리는 무엇을 할 수 있을까? 어린 시절, 마음껏 뛰놀아야 어른이 돼서도 구김살 없는 사랑을 할 수 있고 인생의 어려움도 잘 헤쳐 갈 수 있을 텐데……. 아이들의 웃음을 보니 내 마음도 밝아졌다. 《시나라로 가는 길》이라는 어린이 시 낭송집도 들으며 동심으로 돌아가 본 날이었다. 어린이들의 순결한 목소리를 들으면 괜히 눈물부터 난다.

✽

대부분의 사람들은 자기가 성을 내는 것은 늘 이유가 있음을 정당화시키고 남이 자기에게 성을 내는 것은 사소한 부분이라도 못 견디며 억울해하는 경향이 있다. 어디까지나 자기중심적일 때가 많다. 나이가 들수록 온유해지기는커녕 그 반대가 되어가는 모습을 나 자신에게서도 본다.

오늘도 내가 제일 싫어하는 표현, '신경질 난다'는 말을 혼잣말로 여러 번 하며 나 스스로 놀랐다. 갈수록 인내심도 없고 너그러움보다는 옹졸함이, 이타심보다는 이기심이 더 크게 자리를 잡아가니 큰일이다. 아무리 상황이 안 좋더라도 결코 막말을 해서는 안 되는데……. 용서, 관용, 인내, 이런 것들이 나이들수록 더욱 어려워진다면 나는 분명 잘못 살고 있는 것이다.

✽

'나는 내가 경험한 작은 사랑이 세상에 나가 큰 사랑으로 넓어지는 것을 보고 싶었다. 그것이 결국은 내 사랑의 완성이 된다는 사실도 깨달았다'는 구절이 가장 기억에 남던 양귀자 님의 소설 《천년의 사랑》을 여행 중에 읽었다. 소설가들의 상상력은 항상 놀랍기만 하다.

✽

부산에서 안동으로 기차를 타고 가는 길이 매우 아름다웠다. 세상 다른 곳에도 빼어난 아름다움이 많이 있을 테지만―아주 작아도 구석구석 우리 나라 고유의 아기자기한 아름다움이 넘치는 곳을 여행할 때마다 새롭게 느끼며 우리 나라에 태어난 것을 고맙게 생각한다. 해외에 다녀온 이들이 가끔 "한국보다는 외국이 더 살기 편하다" "고국에 잔뜩 기대를 하고 왔는데 볼 것이 없다"고 가볍게 말할 때는 "그래요?" 하면서도 매우 서운한 마음이 들곤 했다.

특별히 애국자가 아니더라도 내가 태어난 모국을 끔찍이 위하고 사랑하는 것이 도리다. 그래서 그의 단점과 허물을 남의 탓을 하며 비난만 할 것이 아니라 그 구성원인 우리 각자가 더 좋은 나라를 만들기 위해 최선을 다해야 한다. 외국어보다 국어 공부를 더 열심히 하는 것 역시 애국이 아닐까?

젊은이들의 편지를 받을 때마다 국어 맞춤법이 생각보다 너무 많이 틀린 것을 보면 안타깝다. '우리 나라는 전 국토가 박물관이다'로 시작하는 유홍준 교수의 《나의 문화유산 답사기》는 한국인이라면 누구나 한 번은 읽어야 할 좋은 책이다.

❋

아무리 애를 써도 결코 억지로는 짜낼 수 없는 시. 그러나 안 써지는 것 역시 즐거워하기로 한다. 시가 어려워도 시를 포기하지 않는 많은 사람들로 하여 세상은 더욱 아름다우리. 보석처럼 열심히 갈고닦은 빛나는 시인들을 나는 죽을 때까지 질투하며 부러워하리라.

❋

르완다의 뼈만 남은 어린이들의 그 퀭한 눈들이 자꾸 나를 쳐다본다. 북한의 배고픈 겨레에게 우리 정부는 너무 무심하고 냉랭하다. 오늘도 태연히 밥을 먹는 게 부끄럽다. 눈물을 글썽인다고, 기도한다고 그들에게 힘이 될까? 우리 나름대로 절식을 해서 그 몫을 떼어 돕는다지만 어쩐지 답답하다. 이웃의 아픔과 불행에 그냥 속수무책인 것만 같은 나의 위치가 가끔 괴로울 때가 있다. 수도자의 가난이란, 마음뿐 아니라 물질적으로도 돕고 싶은 가난한 이들에게 자기 개인의 뜻과 이름으로 베풀고 싶은 원의조차 포기하는 가난함에 있다. 온전한 순명, 철저한 고독에 나 자신을 내맡기는 신앙과 용기가 내겐 아직도 무척 부족하다는 생각이 든다.

✽

 암세포가 온몸에 퍼져 항암치료를 받는 C수녀님 방에 그분이 좋아하는 풀꽃 한 묶음을 들고 갔더니 매우 기뻐하셨는데 그 모습을 보니 나도 기뻤다. 아름다운 꽃은 중환자들에게도 아름다운 위로가 됨을 다시 보았다. 생사의 갈림길에 있는 환자의 입장에서는 오히려 귀찮은 것일지도 모른다고 속단하는 것은 잘못인 것 같다.
 "거듭 생각해도 고마운 것이 너무 많고, 고마운 이들이 너무 많아요. 전에 큰 수술을 받았을 때는 이만하면 됐으니 데려가달라는 기도가 나오던데, 이번엔 이상하게 조금만 더 생명을 연장시켜 달라는 욕심을 부리게 돼요. 그분이 다 알아서 잘해주시리라 믿고 싶어요" 하는 수녀님의 야윈 모습을 지켜보며 나는 할 말을 잃었다.

✽

 그동안 노환으로 고생하시던 수녀님 한 분이 우리가 지켜보는 가운데 평온히 선종하셨다. 안구 기증을 하시고 나니 시신이 되어서도 하얀 붕대로 두 눈을 가리시고, 흰옷 차림으로 백장미 향기 속에 고요히 누워 계셨다. 약간은 푸른빛을 띤 얼굴, 십자고상과 묵주를 든 차가운 침묵의 손. 수녀님은 이제 오래 계속될, 누워 있는 침묵 자체였다. 깊고도 긴 침묵. 이 침묵 앞에서 우린 대체 누구이며 무엇인가?

조종弔鐘을 치고 모든 장례 예절을 질서정연하게 진행하던 우리였지만 입관, 하관 예절을 할 때는 울지 않을 수 없었다. 특히 "17통 1반인 우리 수녀원의 세대주이기도 했던 순애 수녀님의 그 이름을 지우려니 참으로 서운합니다"라고 한 총원장의 슬픈 고별사를 들을 때는 가슴이 미어지는 것 같았고, 여기저기서 흐느끼는 소리가 들려왔다.

✱

나는 오늘 〈하관下棺〉이란 시 한 편을 썼다.

삶의 의무를 다 끝낸
겸허한 마침표 하나가
네모난 상자에 누워
천천히 땅 밑으로 내려가네

이승에서 못다 한 이야기

못다 한 사랑 대신 하라 이르며
영원히 눈감은 우리 가운데의 한 사람

흙을 뿌리며 꽃을 던지며
울음을 삼키는 남은 이들 곁에
바람은 침묵하고 새들은 조용하네

더 깊이, 더 낮게 홀로 내려가야 하는
고독한 작별인사

흙빛의 차디찬 침묵 사이로
언뜻 스쳐가는 우리 모두의 죽음

한평생 기도하며 살았기에
눈물도 성수聖水처럼 맑을 수 있던
노수녀老修女의 마지막 미소가
우리 가슴속에 하얀 구름으로 뜨네

가까운 이들이 이 세상을 떠났을 때의 그 느낌을 시로 쓰고 나면 며칠은 시름시름 몸이 아프고 마음은 태풍에 쓰러진 나무와 같다. 간밤엔 때아닌 추위가 느껴져 꽁꽁 싸두었던 이불을 다시 꺼내 덮고 잤다. 슬픔을 일으켜 세우는 건 언제나 슬픔인가. 누구의 방해도 받지 않고 안으로 안으로 실컷 슬픔을 풀어내고 나면 나는 어느새 용감해져서 일상의 길을 걸어 들어가 조금씩 웃을 수 있다. 죽은 이들은 말이 없으니 그들을 위해 시를 쓰는 것은 어리석은 일처럼 느껴질 때가 있다.

그러나 어찌 보면 그렇게 해서라도 약간의 위로를 받고 싶은, 살아남은 자들의 조그만 욕심인지도 모른다. '수녀님도 하느님 만나실 그날까지 예쁜 일 많이 하시다가 깊은 잠 자는 듯 그렇게 떠나십시오'라고 어느 지인은 내게 글을 보냈지만 죽음에 대해서만은 정말 아무 계획도 미리 세울 수가 없다는 것을 임종하는 이들 곁에서 절감한다.

❋

예년보다 더디 오는 가을을 반기며 오늘 내 마음을 스쳐갔던 흰 구름 단상.

어디에 숨어 있다가 이제야 달려오는가
함께 있을 땐 잊고 있다가도 멀리 떠나고 나면

다시 그리워지는 바람

처음 듣는 황홀한 음악처럼 나뭇잎을 스쳐가다
내 작은 방 유리창을 두드리는 서늘한 눈매의 바람

여름 내내 끓어오르던 내 마음을 식히며
이제 바람은
흰옷 입고 문을 여는 내게
박하 내음 가득한 언어를 풀어내려 하네

나의 약점까지도 이해하는 오래된 친구처럼
내 어깨를 감싸 안으며 더 넓어지라고 하네

사소한 일들은 홀홀 털어버리고
바다로 달려가는 바람처럼
더 맑게, 크게 웃으라고 하네
— 나의 시 〈바다로 달려가는 바람처럼〉

가을엔 바람도 하늘빛

❋

끝기도를 끝내고 나의 긴 그림자를 끌고 오는 밤의 숲길에서 나무들이 나를 부르는 침묵의 소리. 짙은 향기를 남기며 사라지는 백합들의 마지막 노랫소리. 나무층계를 오르다가 문득 올려다본 하늘의 별. 나는 그만 황홀하여 갈 길을 잃고 말았네.

❋

젊은 날 사랑의 뜨거움이 불볕더위의 여름과 같을까. 여름 속에 가만히 실눈 뜨고 나를 내려다보던 가을이 속삭인다. 불볕처럼 타오르던 사랑도 끝내는 서늘하고 담담한 바람이 되어야 한다고— 눈먼 열정에서 풀려나야 무엇이든 제대로 볼 수 있다고, 욕심을 버려야 참으로 맑고 자유로운 사랑을 할 수 있다고—에서 바람 부는 가을숲으로 들어가자고 한다.

✻

가을엔 바람도 하늘빛이다. 사랑하는 사람들끼리 주고받는 말들도 기도의 말들도 모두 너무 투명해서 두려운 가을빛이다. 들국화와 억새풀이 바람 속에 그리움을 풀어헤친 언덕길에서 우린 모두 말을 아끼며 깊어지고 싶다. 가을 하늘에 조용히 떠다니는 한 조각의 구름이고 싶다.

✻

바람 부는 소리가 하루 종일 내 마음을 흔들던 날. 코스모스와 국화가 없으면 가을은 얼마나 쓸쓸할까. 이 가을에 나는 누구보다 나 자신을 길들여야지. 아름다운 음악을 듣거나 좋은 책을 읽는 즐거움도 행복한 것이지만 홀로 듣는 음악, 홀로 읽는 책을 좋아하는 것 못지않게 함께 일하는 이들의 마음의 소리에 귀 기울이며 조화로운 삶을 살 수 있어야겠다. 때로는 나를 힘들게 하고 나를 못마땅하게 여기는 듯한 사람들의 눈빛과 표정에서 내가 미처 깨닫지 못했던 실수나 잘못을, 아무리 작은 것일지라도 세심하게 읽어낼 수 있는 지혜를 지녀야겠다. 나이 들수록 온유와 겸손이 어렵다는 것을 절감하면서 창밖의 나무들을 바라본다.

✽

'나무에선 돌이나 쇠붙이에서 느낄 수 없는 생명감과 정서를 느낀다. 나무 향기를 맡고 싶다. 나무 향기를 내는 벗을 갖고 싶다. 나무향기로 남고 싶다.'

내가 좋아하는 정목일 님의 〈나무 향기〉라는 수필을 읽은 날, 나는 뜻밖에도 언니가 보내준 향나무 원목 한 토막을 선물로 받았다. '이건 향나무 조각인데 책상에 두고 상본이나 십자고상 같은 것을 올려놓으면 어떨까? 시상詩想이 떠오를지도 모르지'하는 메모와 함께. 그러고 보니 내 방 안에는 향나무 묵주, 향나무 필통, 향나무 연필들로 이미 향기가 가득하다.

✽

어린아이가 아프다고 칭얼대는 모습은 밉지 않은데 어른이 되어 자기의 아픔을 이리저리 어떤 모양으로든지 보채는 모습은 아름다워 보이지 않는다. 자신의 아픔은 숨기고 오히려 남을 걱정하는 이들의 순한 모습이 오래 기억에 남고 감동이 되는 것은 우리가 평소에 너무 자기 걱정만 앞세우고 자기 아픔에만 빠져 남을 돌보는 넓고 큰 마음을 잊고 살기 때문이겠지.

❋

'용서하고 선을 베푸는 일을 결코 게을리하지 말라고 가르치는 주님의 자비하심을 나는 더욱 열심히 따르고 싶다. 나와 천성이 다른 사람을 비판하거나 섣부른 판단을 내리기보다는 그의 좋은 면을 보려고 애쓰는 편이다. 어떤 사람에 대해서건 불신을 품는 일, 특히 보잘것없는 사람들, 가난하고 권력 없는 사람들에게 불신을 품는 일, 남을 깎아내리는 평가 등은 아무리 사소한 것일지라도 나를 고통스럽게 하며, 마음 깊숙한 곳에서 나를 아프게 한다.'

교황 요한 23세의 이 말씀을 몇 번이나 되풀이해 읽으며 하느님과 인간에 대한 그의 끝없는 애정에 감동했다. 나도 그렇게 말할 수 있는 사람이 되도록 도와주십사 하고 기도했던 오늘, 용서한다고 쉽게 말은 하면서도 실제로는 서로 용서하지 않는 일이 우리 사이엔 얼마나 많은지! 가끔은 하느님도 이 부분을 슬퍼하시리라는 생각이 든다.

이별은 아직도 쓰라리고 남북은 함께 슬프구나.

여섯 살 때 납북되신 아버지가 낡은 사진 속에서 걸어나와 가끔 내게 말을 건네신다.

"얘야, 잘 있니? 너무 오랜 세월 우리는 헤어져 살았구나. 내가 왜 떠나게 되었는지 나도 모른단다. 이 땅에서 다시 만날 희망이 없어졌지만 나의 사랑은 식지 않았단다. 내 탓이 아니라도 나를 많이 원망하며 그리워했을 모든 가족에게도 안부 전해주렴."

오늘은 주일. 끝내기 위해서 숨이 찼던 일의 의무도, 아름답지만 조금은 고단했던 사랑의 의무도 오늘은 모두 쉬기로 하자. 끊임없는 계획으로 쉴 틈이 없었던 생각도 쉬게 해주자. 급히 따라오는 시간에도 쫓기지 말고 멍하니 하늘을 올려다보는 여유를 지녀야지. 새소리, 바람 소리를 들으며 그냥 조용히 웃어보는 기쁨 또한 기도임을 믿는다.

새가 있는 언덕길에서

✽

　새야, 네가 앉아 있는 푸른 풀밭에 나도 동그마니 앉아 있을 때, 네 조그만 발자국이 찍힌 하얀 모래밭을 맨발로 거닐 때 나도 문득 한 마리 새가 되는 느낌이란다.
　오늘은 꽃향기 가득한 언덕길을 오르다가 네가 떨어뜨린 고운 깃털 한 개를 주우며 미움이 없는 네 눈길을 생각했다. 지금은 네가 어느 하늘을 날고 있는지 모르지만 내가 주운 따스하고 보드라운 깃털 한 개로 넌 어느새 내 그리운 친구가 되었구나.
　넌 이해할 수 있니? 늘 가까이 만나오던 이들도 어느 순간 왠지 서먹해지고, 처음 대하는 이도 오랫동안 알고 지냈던 것처럼 정답게 느껴질 수 있는 사람의 마음을 말이야. 네가 무심히 흘리고 간

한 개의 깃털이 나의 시집 갈피에서 푸드득 날개 소리를 내듯이 내가 이 땅에 흘려놓은 시의 조각들이 어디선가 날개를 달고 하늘로 올라갈 수 있다면 얼마나 기쁘겠니? 아니 하늘로 영원히 오르기 전에 사랑하는 누군가의 가슴속에서 이미 새가 될 수 있다면……. 너를 조용히 생각하는 오늘밤은 나의 삶도 더욱 경이롭게 느껴져 잠이 오질 않는구나.

내 삶의 숲에는 아직도 숨어 있는 보물들이 너무 많아 나는 내내 콩새가슴으로 설레는구나.

❋

해질녘, 수녀원의 언덕길과 돌층계 위에서 수평선을 바라보면 내 마음에 새가 되어 날아드는 어린 시절의 동무들. "나하고 놀자" "소꿉놀이하자"고 불러내던 눈매 고운 소녀도, 학교 갈 때면 내가 보고 싶어 목을 길게 빼고 우리 동네 쪽을 바라보며 걷는다고 얘기했던 마음 어진 소년도 수평으로 앉아 있다가 파도 모양을 그리며 천천히 날아오네. 깊은 뜻도 잘 모르고 전에 자주 되풀이했던 그립다는 말, 보고 싶다는 말. 이젠 너무 오래 안 듣고, 안 하고 살았더니 문득 어린 시절의 동무들이 날아와 나를 부르네.

❋

친구야, 네가 너무 바빠 하늘을 볼 수 없을 때 나는 잠시 네 가슴에 내려앉아 하늘냄새를 파닥이는 작은 새가 되고 싶다. 사는 일의 무게로 네가 기쁨을 잃었을 때 나는 잠시 너의 창가에 앉아 노랫소리로 훼방을 놓는 고운 새가 되고 싶다. 모든 이를 다 불러모을 넓은 집은 내게 없어도 문득 너를 향한 그리움으로 다시 짓는 나의 집은, 부서져도 행복할 것 같은 자유의 빈집이다.

✽

십 년 가까이 사회와 격리된 높은 담장 안에서 자유를 그리며 라면 박스로 만든 서가에 《꽃삽》이란 나의 책도 꽂아두고 본다는 대철의 글을 약간은 슬프게 새소리를 들으며 읽었다.

'오늘은 한 주일 동안 쌓인 빨래를 하는 날. 우중충한 세면장에 덩그라니 혼자 앉아 양말을 빨고 있는데 창밖에 웬 참새 소리가 그리 요란한지. 재잘재잘재잘…… 하도 시끄럽길래 일어나서 내다보았더니 잎이 파란 삼나무 한 그루 외엔 아무것도 안 보이는 것입니다. 아마도 놈들이 그 안에 숨어서 지절거리는 것이겠지요. 갑자기 한 놈이 후두득하고 튀어나오더니 십여 마리가 뒤따라 나와 저쪽 취사장 쪽으로 날아가버리데요. 재잘재잘하는 여운만 남겨놓은 채.

문득 '살아갈수록 가볍고 싶은데 살아갈수록 내가 무겁구나' 하신 수녀님의 새에 대한 단상이 떠올랐습니다. 그러고 보니 저렇게 새처럼 가볍게 지절거려본 일이, 또 지절거림을 들어본 일이 얼마나 되었던가요? 밖에서였더라면 남자답지 못하다고 핀잔이나 받았을 조잘거림이 왜 이리 그리운지요. 기분 같아서는 누군가 옆에서 하루 종일 조잘거린다 해도 다 들어줄 수 있을 것 같습니다. 그렇지 않아도 꽤 무거운 저는 오랜 격리생활 때문에 더욱 무거워진 것 같습니다. 아, 새처럼 공기처럼 가벼울 수 있다면…….

❇

비 내리던 오늘 아침. 미사와 기도시간 뒤에도 종다리의 노래를 들었다. 빗속에 듣는 새소리는 더욱 잊을 수 없다. 참으로 밝고 명랑한 새들의 합창을 들을 때면 사소한 일로 우울하고 어두웠던 내 마음을 훌훌 털고 이내 명랑해져야겠다는 의무감마저 생겨 새들에게 고마운 인사를 보낸다. 홀로가 아니라 여럿이 함께 부르는 새들의 노랫소리는 얼마나 멋지고 흥겨운지!

❇

자신의 내면에 깊숙이 숨겨져 있는 동심과 향수를 자극하는 그림들로 여겨져 그 아름다움에 끌려 장욱진 화백의 회고전에 다녀왔다는 석영이란 독자가 특별히 나를 생각해서 보내준 화집을 나는 요즘 거의 매일 들여다보며 즐거워한다. '까치' '비상' '나무와

새' 등등 그의 그림에 많이도 등장하는 새들의 모습에서 난 시를 읽고 음악을 듣는다. 새가 그려진 엽서, 달력, 우표, 손수건 그리고 아름답고 멋진 그림들을 몇 개 갖고 있는 것만으로도 나는 부자로구나.

❋

까치들은 잘 보이는데 참새는 전보다 흔치 않아서인가 워낙 작아서인가 마음먹고 보아야 눈에 뜨인다. 참새들을 보면 반가운 마음으로 오규원 님의 동시 〈참새〉를 큰소리로 읽고 싶어진다.

그 맑고 쨍한 소리를
짹짹짹 그 소리를 동그랗게 찍어내는 노오란 주둥이
참새가 귀여운 건
그 노오란 주둥이 때문이다
간지럽게 귓바퀴를 맴돌다 가는
포르르 날아가고 오는 그 소리
참새가 귀여운 건
간지러운 그 소리 때문이다

나뭇가지에 기우뚱하며

간신히 앉고도 시침을 딱 떼고
점잖게 앉은 모습
참새가 귀여운 건
그 아찔하고
장난스런 얼굴 때문이다

✽

 나는 늘 새가 있는 언덕길을 지나 아랫집 일터로 간다. 꽃도 있고, 나무도 있지만 새들이 자주 오르내려 더욱 아름답고 정겹게 느껴지는 수녀원 언덕길을 벌써 삼십 년이나 오르내리며 나는 참으로 고운 새들을 많이 만났다.
 가슴이 볼록 나오고 다리는 아주 가느다란 조그만 새들. 앙증맞고 어여쁘다 못해 그 작은 모습이 가끔은 안쓰러워 보이던 새들에게서 나는 삶에 힘이 되는 꿈과 노래와 기도를 배웠다.

해질녘의 단상

*
어려서부터
나는 늘
해질녘이 좋았다

분꽃과 달맞이꽃이
오므렸던 꿈들을
바람 속에 펼쳐내는
쓸쓸하고도 황홀한 저녁
나의 꿈도
바람에 흔들리며

꽃피기를 기다렸다

지는 해를 바라보며
눈물이 핑 도는
이별의 슬픔을
아이는 처음으로 배웠다

❋

헤어질 때면
"잘 있어, 응" 하던 그대의 말을
오늘은 둥근 해가 떠나며
내게 전하네

새들도 쉬러 가고
사람들은 일터에서
집으로 돌아가는 겸허한 시간
욕심을 버리고 지는 해를 바라보면
문득 아름다운 오늘의 삶
눈물 나도록 힘든 일이 없는 건 아니지만
견디고 싶은 마음이

고마움이 앞서네
누구라도 용서하지 않으면 안 된다고
그래야 내일의 밝은 해를 밝게 볼 수 있다고
지는 해는 넌즈시 일러주며 작별인사를 하네

✽

비바람을 견뎌내고
튼튼히 선 한 그루 나무처럼
오늘이란 땅 위에 선 사람도
어쩔 수 없이 슬픔을 견뎌내야
조금씩 철이 드나 보다

사랑하는 이와의 이별을 경험하고
터무니없는 오해도 받고
자신의 모습에 실망도 하면서
어둠의 시간을 보낸 후에야
가볍지 않은 웃음을 웃을 수 있고
다른 이를 이해하는 일도
좀 더 깊이 있게 할 수 있나 보다

❋

찬물로 세수하고
수도원 안 정원의 사철나무와 함께
파랗게 깨어나는 겨울 아침

흰 눈 속의 동백꽃을
자주 찾는 동박새처럼
호랑가시나무 열매를
즐겨 먹는다는 붉은 새처럼

나도 이제는
붉은 꽃, 붉은 열매에
피 흘리는 사랑에 사로잡힌
한 마리 가슴 붉은 새인지도 몰라

겨울에도 쉬지 않고
움직이는 기쁨
시들지 않는 노래로
훨훨 날아다니는
겨울새인지도 몰라

❋
귀에는 아프나
새길수록 진실인 말

가시 돋혀 있어도
향기를 숨긴
어느 아픈 말들이

문득 고운 열매로
나를 먹여주는 양식이 됨을
고맙게 깨닫는 긴긴 겨울밤

좋은 말도 아껴 쓰는 지혜를
칭찬을 두려워하는 지혜를
신神께 청하며 촛불을 켜는 겨울밤

아침의 눈부신 말을 준비하는
벅찬 기쁨으로 나는
자면서도 깨어 있네

✽
흰 눈 내리는 날
밤새 깨어 있던
겨울나무 한 그루
창을 열고 들어와
내게 말하네

맑게 살려면
가끔은 울어야 하지만
외롭다는 말은
함부로 내뱉지 말라고

사랑하는 일에도
자주 마음이 닫히고
꽁해지는 나에게
나보다 나이 많은 나무가
또 말하네

하늘을 보려면 마음을 넓혀야지
별을 보려면 희망도 높여야지

이름 없는 슬픔의 병으로
퉁퉁 부어 있는 나에게
어느새 연인이 된 나무는
자기도 춥고 아프면서
나를 위로하네

흰 눈 속에
내 죄를 묻고
모든 것을 용서해주겠다고
나의 나무는 또 말하네
참을성이 너무 많아
나를 주눅 들게 하는
겨울나무 한 그루

담 안에 숨어 살면서도
마음은 동생들을 향한 애틋한 사랑과 기도로
활짝 열려 있을 언니의 초록빛 창을 향해
나는 "언니!" 하고 가만히 불러본다

수녀 언니

수필

수녀 언니

언니라는 말에선 하얀 찔레꽃과 치자꽃 향기가 바람에 실려오는 것 같은 상큼한 향기가 난다. 언니라는 말은 엄마 다음으로 가장 아름답고 포근하고 다정한 호칭이 아닐까? 큰언니, 작은언니, 올케언니, 새언니, 선배 언니, 그 대상이 누구든지간에 '언니!' 하고 부르면 왠지 마음에 따뜻한 그리움이 밀려오며 모차르트의 시냇물 같은 음악이 듣고 싶어진다.

내가 여학교 시절. 어느 길모퉁이에서 만나 불쑥 "얘, 너 내 동생 하지 않을래?" 하고 말을 건네던 상급생 언니. 문예반 시절의 그 꿈과 낭만이 가득했던 예비 시인 언니들은 지금 어디에서 무엇을 하고 있을까, 문득 궁금해질 때가 있다.

아주 오래전 일이지만 나와 내 하나밖에 없는 여동생이 서로 헤어져 살던 시절 어느 해 방학 날, 난 동생을 기쁘게 해주고 싶어 그가 집에 올 때쯤 일부러 다른 방에 숨어 있었는데, 집에 들어온 동생은 가방을 놓자마자 "엄마, 언니 왔지?" 하다가 "응, 온다더니 아직 안 왔어"라고 대답하니 와락 울음을 터뜨리며 그리움과 서러움에 목메어하던 그 모습을 잊을 수 없다. 그때 난 동생으로부터 사랑받는 작은언니로서의 몫에 감격하며 눈물을 닦다가 참으로 반가운 해후를 했던 일을 고운 추억으로 간직하고 있다.

지금은 멀리 해외에 나가 있는 동생이 어쩌다 내가 있는 수녀원에 전화를 걸어 "언니야, 별일 없지? 꿈에 언니를 보았거든" 한다든지 '보고 싶은 작은언니'로 시작하는 긴 글을 보내오면, 그 옛날 싸움도 더러 했지만 서로를 깊이 이해하며 정을 나누었던 아우가 더욱 그리워진다. 나보다 네 살 아래지만 두 아이의 엄마로 늘 부지런하게 살림을 꾸려가며 마음도 넓고 아름다워 로사라는 세례명이 잘 어울리는 동생은 "적어도 세상일에 있어서만은 내가 더 언니인 것 같다"며 웃곤 했다.

나에겐 늘 현명한 스승 같기도 하고, 어진 친구 같기도 한 열세 살 연상의 수녀 언니가 계시다. 소설가 박완서 선생님이 한 번 만나고 나서 그 모습이 꼭 성모 마리아님과 보살님을 합해 놓은 것 같은 아름다움을 느끼게 한다고 표현하셨던 언니. 나에겐 하나밖에 없는 인숙 언니는 내 동생이 일곱 살, 내가 열한 살 때 가장 엄

격한 봉쇄 수도원인 가르멜수녀원에 들어가 사십 년을 살았으니 나이가 예순이 훨씬 넘었지만 아직도 순진무구한 소녀 같은 모습이다. 워낙 조용하고 차분하며 수줍은 성격의 언니는 오랜 세월의 수도생활을 통해서 좀 더 활발하고 명랑해지신 것 같다.

"수녀님의 오늘이 있게 된 것은 어머니의 희생과 가르멜수녀원에 계신 언니의 깊은 기도 때문인 거야"라는 말을 주변에서 많이 듣듯이 언니가 내게 주는 끊임없는 사랑의 관심과 격려와 기도는 참으로 각별한 것이라고 생각된다. 나의 주변엔 눈에 보이지 않는 기도 외에도 언니를 생각나게 하는 소박한 선물들이 많이 있다.

내가 수도생활을 시작할 무렵, 늘 좋은 생각만 하며 살라고 여러 좋은 말들을 골라 친필로 적어준 수첩, 세심한 배려와 충고가 담긴 편지들, 민들레의 노란빛과 잎사귀빛을 배합하여 '민들레 이불'이란 이름을 붙여 손수 뜨개질해주신 침대보 등등.

해마다 가을이면 향기를 맡으며 시심을 떠올리라고 탱자와 모과를 상자에 가득 담아 보내주는 언니. 가끔은 '취급주의'라고 쓴 조그만 플라스틱통에 고운 꽃씨나 민들레솜털을 담아 보내기도 하는 언니의 그 정성이 어느 땐 성가신 생각마저 들어 그만두라 해도 소용이 없다.

"얘, 좋게 말하면 곰살갑고, 무엇이나 주기 좋아하는 성격, 너 역시 예외는 아니지 않니? 이젠 고치려고 해도 잘 안되는구나" 하는 언니의 말을 듣고 보니 얼마 전 첫 월급을 탄 기념으로 아기자기한 선물 보따리를 보낸 조카 진이가 '고모님들께 한 가지 부탁이 있다면 저희가 드린 선물들을 훗날 다시 저희에게 선물하시는 실수를 하지 마시길 간절히 바라는 마음입니다'라고 메모한 것이 생각났다.

"난 참 이상하지? 내일 아침에 외출한다고 하면 오늘밤부터 신발도 돌려놓고, 가방도 열어놓고 해. 걱정이 돼서……" 하기도 하고, "육십 넘은 나더러 글쎄 우리 젊은 원장수녀가 귀엽다고 하는구나" 하며 활짝 웃는 언니를 만나고 오는 날은 내 마음도 밝고 맑아진다. 나의 글을 읽은 독자들이, 어쩌다 언니에게 좋은 평가를 들려주면 너무 기뻐서 가뜩이나 빠른 말씨가 더 빨라지며 흥분해서 전화를 걸어오는 언니. 여러 차례의 큰 수술을 받을 만큼 병치레도 잦고 몸이 약하지만, 깊은 믿음과 사랑 안에 누구보다 기쁘게 수도생활을 하고 계시니 나도 기쁘고 행복하다.

오랫동안 세상과 격리되어 있어서인가, 가르멜수녀원의 수녀님들이 빚어내는 에피소드 또한 다양하다. '기차표' 신발 가게에 들어가서 "저, 서울 가는 기차표 한 장만 주세요" 했다든가, 샴푸를 선물받고 얼굴에 바르는 것인 줄 알았다든가 하는 것 등등. 언니도 예외는 아니다. 어느 날 병원에 진찰받으러 갔을 때 간호 수녀님이 건네준 브라보콘 아이스크림 먹는 방향을 몰라 뾰족한 끝부터 먹기 시작했더니 그게 아니라고 해서 웃은 일도 있다. "내가 사용법을 몰라 보내니 네가 쓰렴"하고 가끔 내게 보내는 볼펜도 실은 간단히 누르면 되거나 돌리면 되는 단순한 것들인데도 새것을 보면 지레 겁부터 나시는가 보다.

남들이 두 개 갖고 있는 콩팥도 한 개밖에 없고, 이런저런 합병증에 요즘은 갈수록 귀도 어두워진다는 언니의 얘길 들으면 가슴이 아프다. 언니의 지나친 자상함에 나는 종종 짜증까지 내며 거부하는 얄미운 동생이지만, 누구에게나 푸른 산처럼 어질고 덕스러운 언니가 계시기에 늘 든든하다. 수도자로서 부족한 내 모습을 보고 실망할 법한 이들에게 난 미리 언니 자랑부터 하고, 마침 같은 부산에 살고 계신 언니를 만나게 해준다. 나의 든든하고 소중한 '빽'인 언니가 오래오래 사시길 기원하는 마음으로 나는 오늘도 언니의 어진 모습을 그려본다.

"고모, 큰고모는요, 아무리 생각해도 이 세상 사람 같질 않아요"라고 우리 조카들이 어린 마음에도 그 고움과 맑음을 일컬어 표현하는 나의 수녀 언니. 언니처럼 나도 나이를 먹으면서 좀 더 푸근하고 온유해지길 원하지만 모든 이의 어진 언니가 되기엔 늘 폭이 좁고 인상도 마음도 차가운 편이어서 아쉬움을 느낀다.

그 옛날, 어린 동생을 둘이나 떼어놓고 수도원으로 들어간 것은 결코 현명하고 인간미 있는 선택은 아니었다고 어느 날 내가 불쑥 시비를 걸어도 그 큰 눈을 껌뻑이며 이제야 그런 생각이 들었느냐며 오히려 통쾌하게 웃던 인숙 언니. 언니는 지금쯤 어떤 기도를 바치실까? 깊은 봉쇄의 담 안에 숨어 살면서도 마음은 동생들을 향한 애틋한 사랑과 기도로 활짝 열려 있을 언니의 초록빛 창을 향해 나는 "언니!" 하고 가만히 불러본다.

헝겊 주머니

평소에 집 안에서도 늘 헝겊 주머니나 헝겊 가방을 즐겨 들고 다니는 나에게 며칠 전에 바느질 솜씨가 매우 좋으신 팔순의 선배 수녀님 한 분이 작은 크기의 비단 주머니 한 개를 들고 오셔서 "이것 어때요? 여기에 무엇을 담든지 마음대로 하시고, 혹시 마음에 안 드시면 내게 다시 주세요" 하셨다.

수녀님은 전에도 몇 번 색색의 자투리 비단 헝겊으로 앙징스런 복주머니들을 만들고 정성껏 복福이라는 글자까지 새겨주셨는데, 나는 그것을 꽃이 귀한 계절에 수녀원을 방문하는 외국 손님들에게 작은 기념으로 가슴에 달아드리기도 했었다.

검은 바탕에 국화·매화·단풍 무늬가 그려져 있는 고운 비단 주머니를 만들어주신 수녀님의 정성도 고맙고, 주머니도 마음에 들어서 나는 어린 시절에 했듯이 그 주머니를 며칠간 베개 옆에 두고 잤다. 문득 어린 시절 어머니가 만들어주시던 여러 가지 노리개와 한복을 입을 때 달아주시던 예쁜 주머니, 그 외에도 쓰임새에 따라 솜씨를 발휘하신 신주머니, 책가방, 성당에 들고 다니던 미사보 주머니 등이 생각난다. 특히 고운 꽃이나 나비, 새들을 수놓고 튼튼한 안감을 대어 만들어주시던 헝겊 책가방은 하나도 보관 못한 것이 후회될 만큼 그리운 추억으로 떠오른다. 상점에서 산 고급스런 책가방이나 주머니들을 들고 다니는 요즘의 아이들을 보면 정겹고 소박한 헝겊 책가방을 그토록 좋아하고 열심히 들고 다니던 초등학교·중학교 시절의 내 모습이 생각나곤 한다.

  학교에 다녀오면 나는 얼른 가방을 열어 숙제부터 해놓고는 다음 날 수업에 가져갈 교과서와 공책을 정성껏 챙겨 넣고, 동무들이 좋아할 만한 색종이나 인형옷에 필요한 자투리 헝겊들을 골라 넣느라 시간 가는 줄을 몰랐다. 책과 도시락, 온갖 잡동사니로 무거운 가방도 내겐 늘 희망과 기쁨이 가득한 보물주머니로 여겨졌다. 밖에서 뛰어놀기를 좋아하는 동생에 비해 나는 늘 책상 앞에 붙어 앉아 가방 정리하는 것을 즐겼으므로 나의 별명은 '새침데기' '책벌레' 또는 '가방 싸는 아이'였다.

  요즘도 가끔 헝겊 주머니나 가방이 눈에 띄면 그냥 지나치질 못하고 한참 서서 구경을 하거나 꼭 마음에 드는 것이 있으면 당장은 필요 없더라도 일단 사놓고 보는 버릇을 버리지 못한다. 퍽 오래전 내가 필리핀에 있을 때, 한번은 시장에 갔다가 하얀 포대 몇 개를 얻게 되어 함께 공부하던 언니 수녀님과 같이 그것을 이용해 가방을 만들고 우리가 바닷가에서 주운 조개껍질들로 장식을 하며 즐거워하던 적도 있다. 푸른 작업복을 입고 외출할 때마다 그 가방을 들고 다니면 절로 파도 소리가 나는 듯 낭만적으로 느껴지곤 했었다.

더 세련되고 우아한 가죽 가방을 구해줄 테니 멀리 외출할 때만이라도 구질구질한 그 헝겊 가방은 좀 그만 들고 다니라고 옆에서 핀잔을 주거나 말려도 나는 굳이 헝겊 가방을 들고 다니길 좋아한다. 그래서 멀리 여행을 갈 때도 큰 헝겊 가방 안에 여러 개의 작은 주머니들을 준비해두었다가 기도서, 수첩과 볼펜, 세면도구, 속옷과 손수건 등을 분류해서 넣어두면 찾기도 쉽고 무척 편리하다.

수도자의 신분으로 평생을 흰색, 검은색, 회색의 유니폼만 입다 보니 가방 속의 소지품 역시 화사한 빛깔과는 거리가 먼 우중충하고 검박한 것들뿐이지만 그 사이에서 잔잔한 꽃무늬나 별무늬의 작은 주머니들은 내게 늘 리본을 단 어여쁜 소녀처럼 다정한 웃음과 기쁨을 안겨준다.

지난해 어느 날은 불우이웃돕기 바자회에서 주머니가 세 개 달린 갸름한 모양의 편지꽂이를 사다가 방에 걸어두었는데, 나와 늘 가깝게 지내는 동료 수녀가 잠시 내 방에 들어왔다가 이걸 보더니 주머니 위에 살짝 얹혀 있는 리본 세 개를 내 의사도 묻지 않고 모조리 가위로 떼어내는 것이었다. 내가 말리는데도 그는 리본이 없어야 더 깨끗하고 보기가 좋다고 했다.

나는 사실 연보라색 바탕에 진보라색 작은 리본을 달아놓은 것이 예뻐 보여서 구입한 것인데—지금도 리본이 싹둑 잘려 밋밋한 모양이 되어버린 그 편지꽂이를 보면 웃음이 절로 나고, 별것도 아닌 일로 끝까지 내 뜻을 우기지 못하고 리본을 쓰레기통에 내버리게 한 것이 매우 아까운 생각이 든다.

요즘도 매일 침방이 있는 윗집에서 일터가 있는 아랫집으로 푸른색이나 회색 헝겊 가방을 들고 왔다갔다하는 나에게 어떤 이들은 "늘 무엇을 주섬주섬 담고 나누어주는 그 요술 주머니 또 들고 나가는군요" 하고 놀리기도 한다. 나는 "그럼요, 말씀만 하세요. 이 안엔 없는 것이 없으니까요"라고 대답하며 이것저것 필요한 것들을 분류해서 넣어주는 자료실도 되고, 전해야 할 메모, 편지 그리고 사랑의 심부름거리로, 가끔은 작은 선물방이 되기도 하는 나의 기쁨 주머니를 흔들어 보인다.

헝겊 주머니나 헝겊 가방은 나의 오래된 친구처럼 늘 편안하고 만만해서 좋다. 때가 묻으면 언제라도 쉽게 빨아서 다시 쓸 수 있고, 매우 고급스런 재료로 만든 것일지라도 누가 그것을 필요로 할 땐 크게 아까워하지 않고 선뜻 내어줄 수 있어서 좋다. 또 조금은 욕심을 내어 이것저것 여러 종류의 물건을 가지고 사는 얼마쯤의 사치를 누리더라도 이로 인해 비난받을까 근심하지 않을 수 있는 내 나름대로의 수수한 멋과 여유를 즐기게 해주어서 좋다. 할 수만 있다면 나도 나의 가까운 이웃과 친지들에게 부담 없이 편안하고 수수한 모습의 헝겊 주머니 같은 존재가 될 수 있길 바라며 혼자서 가만히 웃어본다.

손님맞이

아침에 까치가 울면 "오늘은 반가운 손님이 오시려나 보지?" 하며 빙긋 웃던 가족들의 모습은 늘 따뜻한 정과 그리움의 추억으로 떠오른다. 집에 손님이 온다는 날이면 어떤 호기심과 기대감으로 공연히 마음이 들뜨고 즐거웠던 어린 시절. 가족들이 집 안을 평소보다 더 깨끗이 하고, 고운 옷을 입으며, 바른 인사법과 공손한 예절을 익히며 준비하는 그날이 내겐 늘 설렘 가득한 축제로 느껴지곤 했다. 그러나 우리집에 다니러 온 친척, 친지, 이웃 손님들이 잠시 머물다 작별의 인사를 하고 떠나갈 때쯤이면 나는 너무 아쉽고 허전해서 어쩔 줄 몰라 하며 쓸쓸히 서성이던 기억이 새롭다.

내가 유난히 까치가 많고 소나무가 많은 이곳 부산 광안리 산기슭의 성 베네딕도수녀원으로 '시집'와서 산 지도 벌써 삼십 년이 되었다. 워낙 식구가 많기 때문이기도 하지만, 우리 수녀원엔 거의 하루도 손님이 없는 날이 없다. 손님은 귀찮은 존재가 아니라 귀한 선물임을 늘 강조하는 베네딕도 성인은 그의 규칙서에서 '찾아오는 모든 손님을 그리스도처럼 대하고' '손님이 오면 사랑의 봉사로써 마중 나가, 함께 기도하며 평화의 인사를 하라'고 강조한다.

우리 동산의 꽃과 나무들만큼이나 우리 손님들의 모습도 다양하다. 수녀가 되고 싶어 찾아오는 아가씨들, 수녀가 된 딸들을 만나러 오는 가족과 친지들, 여행길에 가벼운 마음으로 들렀다 가거나 강의를 해주러 오는 선생님들, 혼자만의 조용한 시간을 갖고 싶어 며칠 묵어가는 성직자와 수도자들, 도움의 손길이 필요해서 달려오는 몸과 마음이 아프고 지친 사람들 등등.

특히 여러 날 묵어가는 경우엔 시설이 불편하다고 불평할 수 있는 자그만 객실인데도 손님들은 대체로 고마워하며, 식탁에 올리는 반찬도 극히 단순 소박한 것이지만 밭에서 직접 가꾼 것이기에 더 귀하다며 맛있게 드는 모습을 보면 고맙고 기쁘다. 처음엔 서로 낯설고 서먹한 사이였던 손님들끼리도 이곳에 머무는 동안 서로 좋은 친구가 되어 연락을 주고받는 걸 보면 흐뭇한 마음이다.

손님은 우리의 창문이 되어준다. 생활이 비교적 단순한 우리는 손님들의 이야기를 통해 잠시 잊고 있던 세상의 일들을 더 구체적으로 보고 느끼게 된다. 손님은 우리의 좋은 친구가 되어준다. 우리의 좋은 점을 칭찬하고 격려해주는 지지자나 힘든 때의 위로자가 되기도 하지만, 우리가 미처 깨닫지 못하고 실수하는 부분이나 그 밖에 개선해야 할 사항들에 대해선 예리한 지적도 서슴지 않는 고마운 충고자이다. 그러므로 손님은 우리가 게으르거나 방심하며 살지 않고 조금은 긴장하며 깨어 살도록 도와주는 역할도 톡톡히 하는 셈이다.

손님맞이야말로 세상에 사는 동안 우리가 치르어야 할 아름다운 사랑의 의무가 아닐까 생각해본다. 예를 갖추어 손님을 맞는 일이 때론 힘들고 번거롭게 여겨질 때도 있겠지만, 손님의 발걸음이 뜸한 집 안은 얼마나 쓸쓸하고 삭막할 것인가. 우정과 사랑이 피어나는 만남의 관계, 인정이 오가는 이웃과 이웃 사이엔 항상 손님이 있게 마련이다.

손님들의 평범한 인사말에 웃음, 유머, 재치 그리고 그들의 기쁨, 슬픔, 괴로움, 갈등, 때로는 본의 아니게 우리를 성가시고 힘들게 하는 어떤 부담까지도 깊이 끌어안고 사랑하려는 자세로 우리는 오늘도 손님을 맞는다. 수녀원의 종소리를 따라 그들과 함께 기도하며 마음을 나누는 좋은 친구, 진실한 이웃이 되려고 한다.

나도 매일매일을 반가운 손님 대하듯이 환히 열린 마음과 시선으로 맞아들여야겠다. 기다리고 기다리던 귀한 손님을 맞듯이 단정하고도 다정하게 예를 갖추고 맞아들여야겠다. 그리하면 나의 삶은 따분하고 지루한 일상이 아니라 늘상 싱싱한 기쁨과 활력이 넘쳐나는 초록빛 축제가 될 것이다.

새(鳥) 아줌마의 편지

항상 새를 좋아하고 사랑해왔지만 나는 요즘 더욱 새에 대한 관심이 많아졌고, 이젠 단순히 감상적이고 낭만적인 차원에서 뿐만 아니라 새들의 생태를 살펴보고 연구하는 일에도 남다른 관심을 갖고 책들을 뒤적이게 되었다. 이 모두가 몇 년 전에 알게 된 일본의 와키타 가즈요脇田和代 아줌마 덕분이다.

스스로 새에 미쳤다고 해서 내가 새(鳥) 아줌마라는 별명을 붙였더니 편지를 쓸 때마다 새 아줌마라고 쓰고, 늘 대여섯 장 되는 편지를 새 이야기로만 가득 채우는 자칭 아마추어 사진작가 와키타 가즈요 아줌마를 나는 사진으로만 보았을 뿐 아직 만난 일이 없다. 일본어를 읽을 줄도 쓸 줄도 모르는 나에게 한국에 온 일이 없는 그가 하늘빛, 분홍빛 편지지에 한국말로 써 보내는 정성스런 편지는 맞춤법이나 문법이 어찌나 완벽한지 누가 읽어도 감탄하지 않을 수가 없다.

그는 뜻있는 일본인들과 같이 한국어를 공부했고 그 동아리에서는 일 년에 한 번 정도 각자가 좋아하는 한국 시, 수필, 소설 등을 일어로 번역하여 돌려보기로 했으며, 그것을 문집으로 묶어 다른 사람들에게도 한국문학의 아름다움을 알리고 싶다고 했다. 크리스천인 와키타 가즈요 아줌마는 문학을 통해 하느님을 잊고 사는 듯한 일본인에게 하느님을 전하고 싶고, 자신의 자그만 봉사가 늘 미묘한 한일 관계를 우호적으로 증진시키는 데 한몫을 하게 되길 바란다고 덧붙였다.

자기에게 한국말을 가르쳐준 어느 수녀님으로부터 나의 시집들을 선물받고 관심을 갖게 되었으며 특히 〈천리향〉과 〈수녀〉라는 시를 좋아한다고 하였다. 상업적인 목적이 아닌 순수한 뜻으로 나의 시들을 번역하고 싶으니 꼭 허락해달라는 편지를 받은 것이 인연이 되어 우리는 서로 연락을 하게 되었다.

산과 들로 다니며 직접 찍은 새들의 사진에 일일이 설명을 곁들여 나에게 보내주고, 새들에게 먹이를 주는 법, 친해지는 법을 소상히 적어 보내주는 와키타 아줌마께 나는 가끔 우리 나라의 새들이 그려진 우표나 크리스마스 씰, 새에 대한 신문 기사나 시들을 모아 보내곤 한다. 한번은 우리 수녀원 뜰의 까치를 서툰 솜씨로 찍어 보냈더니 일본에선 거의 못 보는 새라며 반가워했다.

'처음 보는 한국의 새(鳥) 우표는 아주 멋이 있어서 감격했습니다. 거기 인쇄된 새들은 일본에선 좀처럼 볼 수 없는 이른바 진조珍鳥들인데 그런 새들을 한국 우표들을 통해서 만나게 되어 무척 기쁩니다. 일본의 새 아줌마를 위해 귀중한 우표를 보내주신 수녀님께 깊이 감사드립니다. 한국의 텃새라는 크리스마스 씰을 보니 모두 이곳에서도 볼 수 있는 새들이기에 아주 기뻤습니다. 흔히 가깝고도 멀다고 표현되는 일한 관계지만 먼 듯하면서도 실은 가까운 나라임을 새들이 다시 한 번 깨닫게 해주는 것 같습니다.

수녀님과 마찬가지로 저도 마음만은 10대 소녀인가 봅니다. 방안은 새들의 사진, 달력, 공원에서 주운 깃털, 새 그림이 인쇄된 손수건, 방석 등 여러 가지로 어수선합니다. 남이 보면 웃을지 모르겠지만 저에겐 모두 소중한 물건들입니다. 요즘도 틈만 있으면 우리 남편과 함께 들이나 강가에 가서 새들의 사진을 찍고 있습니다. 새 이름에 관해서는 그러니까 수녀님보다 좀 많이 알고 있는 셈이지요. 새들이 자유롭게 하늘을 날아다니는 모습만 보고 많은 사람들은 새들을 크게 부러워하는 것 같습니다.

그러나 새들의 생활이란 수녀님께서도 쓰신 것처럼 자유로운 반면에 실로 고독하고 가혹한 조건에 차 있습니다. 병이 들어도 누가 도와주는 것도 아니고 또 언제 무서운 적들의 먹이가 될지 모르는 데다 겨울에는 이사라는 운명이 기다리고 있습니다……. 제가 새들의 관찰을 통해 자연과 친해지게 되면서부터 제일 좋았다고 생각되는 것은 세속적인 일이나 물질에 대한 욕망이 많이 없어졌다는 것입니다. 아무것도 가진 게 없고 하루살이 생활을 하면서도 결코 욕심을 내지 않으며 필요 이상의 양식을 탐내지 않는 새들, 모든 것을 자연계에 의존하는 동시에 그 은혜를 다시 자연계로 환원할 줄 아는 그들에게 저희는 좀 더 겸허한 마음을 배워야겠다고 생각합니다…….'

새들에 대한 아줌마의 이야기는 끝이 없다. 그의 편지들은 항상 자연과 인간에 대한 따뜻한 시선과 그리움을 담고 있다. 얼마 전에 그는 을숙도와 주남 저수지가 등장하는 한국 시인들의 신춘문예 당선작인 시들을 몇 장 복사해 보냈다. 아름다운 한국 시들을 발견할 때마다 고생하며 한국말 공부한 보람을 느끼며, 특히 새가 등장하는 시들을 읽을 때마다 깊은 감동을 받는다고 했다. 날더러 더욱 새와 친해지고 새에 대한 시들을 많이 써달라고 주문하는 새 아줌마, 아직 한 번도 만난 일은 없지만 새 이야기를 하면서 가까워진 와키타 가즈요 아줌마의 웃는 얼굴을 사진으로 들여다보며 언제나 삶에 대한 기쁨과 희망, 새에 대한 애정이 출렁이는 그의 최근

편지를 다시 읽어본다.

'나무 위에서 혼자 쓸쓸히 우는 티티새 소리를 듣고 있으니 가슴이 뭉클해지곤 합니다. 철새들 중에는 아직 어린 새들도 있답니다. 아시면 웃으시겠지만 철새들이 이동할 시기에는 하느님께 기도할 때마다 맨 마지막으로 철새들의 안전과 무사함을 비는 것이 일과처럼 되고 있습니다. 작은 몸으로 있는 힘을 다 내어 날갯짓하면서 수천 킬로미터에 달하는 거리를 날아가는 철새들. 그 목숨을 건 여행은 정말 감동적이고 눈물겹기까지 합니다. 어쩌면 이곳에서 날아간 철새들이 그곳 수녀원에서 잠시 놀다 갈지 모르겠습니다. 그들을 만나시면 안부 전해주십시오. …… 이곳에선 동백꽃이 하나둘 피기 시작했는데 그 꽃을 매우 좋아하는 동박새나 직박구리들은 오죽이나 기뻐하고 있을까 싶어 저도 즐거워집니다. 먹이가 적어지는 이 시기에 그 빨간 꽃은 하느님께서 그들에게 내려주신 크리스마스 선물인지도 모르겠습니다. …… 새들의 식사 풍경은 언제 보아도 흐뭇한 것인데 엄마새가 먼저 새끼들에게 큰 조각을 먹이고 자기는 작은 것을 아주 조금밖에 먹지 않는 모습을 보면 무언가 찡하게 가슴에 와닿습니다. 어떤 짐승이고 사람이 그들을 사랑하고 따뜻한 마음으로 대해주면 그들도 사람을 신뢰하고 편안히 살아갈 수 있으리라 생각합니다. …… 한국에서 날려 보내주신 새들과 나비 떼는 예쁜 꽃카드와 함께 현해탄을 건너 무사히 여기에 도착했습니다. 이렇게 좋은 선물을 독차지하는 것이 미안해 카드는 젊은 친구에게, 나비 실은 미친 또 한 사람의 새 아줌마에게 조금씩 나누어주었습니다. 둘이서 기쁨을 나누면 기쁨은 곱절이 된다고 말들을 하는데 저는 덕분에 세 배나 커진 기쁨을 맛보게 된 셈입니다. …… 주님께서 수녀님의 시의 꽃밭을 축복해주셔서 더욱더 향기로운 꽃들이 많이 피어나게 해주시기를 빕니다. 안녕히 계십시오.'

어느 소년의 미소

 '자주 만나지 않아도 마음속에 있는 사람, 우리는, 우리 형제들은—이제는 태고적 같기만 한 어린 날로부터 그대와 한 형제 되어 한 줄기 강물을 타고 흐르는 여정이 되었다네. 눈 감아도 보이는 그 강물은 언제나 그리움 그 자체, 잊을 리가 있겠는가, 그대를……'

 지금은 이름난 화가로 활동 중인 진의 언니의 엽서를 받고 나는 문득 옛 생각에 잠긴다. 나를 열 살 먹은 소녀로 돌아가게 하는 한 소년의 그리운 모습도 함께 떠오른다. 그의 삼형제의 이름 가운데에 '진'자가 들어가므로 나는 그들을 묶어서 '진형제'라고 부르기도 했다.

초등학교에 다니던 어린 시절 나는 늘 새침하고 조용한 아이, 책 속에 파묻혀 꿈을 꾸는 아이였다. 4학년 때 나는 5반 부반장이었고 소년 진은 3반 반장이었는데, 그 애는 공부도 잘하고 그림도 잘 그리고 외모도 이국적이어서 여학생들에게 꽤 인기가 있었던 것 같다.

반은 달랐어도 나 역시 호감을 갖고 있던 차에 한번은 3반 담임 선생님이 편찮으셔서 며칠 결근을 하셨는데 그 반의 반장과 임원들이 문병을 가고 싶어도 집을 몰라 못 간다는 얘길 전해 들었다. 마침 나는 그 여선생님과 한 동네에 살고 있었고, 그의 여동생과도 친구여서 내가 길잡이 역할을 하게 되었다. 선생님을 방문하던 날, 우리는 그 댁에서 준비한 맛있는 과자도 먹고 이야기도 나누며 즐거운 시간을 가졌다.

그 이후로 나는 장난기 가득하지만 따뜻하고 인상적인 소년 진의 미소를 기억하며 더욱 관심을 갖게 되었다. 초등학교 2학년 2학기 때, 혜화동 성당에서 함께 첫영성체를 받은 친구임도 알게 되어 집에 와 사진을 보니, 하얀 너울을 쓰고 잔뜩 긴장해 있는 내 옆에 푸른 띠를 두르고 손을 모은 그 소년이 활짝 웃고 있는 모습이 있었다. 5, 6학년 때 그는 사생대회에서 입상을, 나는 백일장에서 입상을 해 나란히 상을 받는 영광도 안게 되었다.

서로 반이 달라 접촉할 기회가 없던 우리는 졸업 전에 꼭 한번

길에서 마주친 적이 있었는데 나는 그 짧은 순간을 두고두고 잊지 못했다. 비원 돌담길을 끼고 나는 친구 집을 향해 걷고 있었고, 그는 반대편에서 나를 향해 걸어오고 있었는데 우리는 새삼 반가우면서도 서로 아무 말 못하고 그냥 웃음만 교환했다. 참으로 따스하고 정감 어린 표정으로 미소 짓던 진의 모습은 어린 내 가슴을 콩콩 뛰게 만들었고, 몇 번이나 뒤를 돌아보며 걷던 기억이 지금도 새롭다. 그 후론 한 번도 만나지 못하고 중학교에 들어갔는데 문득문득 그가 궁금하고 보고 싶기도 했으나 알 수가 없었다.《빨강머리 앤》의 남자 주인공인 길버트의 모습에서 자주 그를 떠올려 보기도 했다.

중학교 3학년이 끝날 무렵 하루는 우리집에 자주 놀러오던 오빠의 성당 선배인 B아저씨가 당신의 먼 친척뻘 되는 댁이라며 나를 데려가셨는데 그 집이 바로 진형제들의 집이었고, 나는 뜻밖의 반가움 속에 모든 가족들과도 인사를 나누게 되었다. 중학생이 된 소년은 더 멋져 보였고 수줍은 듯하면서도 내가 늘 좋아했던 그 미소로 정답게 대해주었다.

나를 포함해 그와 그의 누나들, 그리고 다른 젊은이들에게도 정신적인 스승 역할을 했던 B아저씨의 영향으로 우리는 성직자, 수도자를 가장 아름다운 미래의 꿈과 이상으로 지니게 되었다. 진 역시 사제직을 지망하여 소신학교에 들어갔으나 건강이 좋지 않아

중도에 포기하고 일반대학에 들어가 철학을 전공하게 되었고, 나는 생각보다 빨리 대학도 포기하고 수녀원에 입회하게 되었다.

그와 나는 열심히 편지를 주고받았으나 내가 수녀원에 오고 나서는 몇 번의 연락을 끝으로 자연 멀어지게 되었다. 가끔 그의 누나들로부터 그가 프랑스 유학 중에 아리따운 아가씨와 사랑에 빠져 공부가 채 끝나기도 전에 결혼을 했으며, 아이도 셋이나 낳았다는 소식을 전해 들은 나는 그의 행복을 빌어주었다. 그는 캐나다 퀘벡 시의 유능한 도시환경 건축가가 되어 한국을 다녀갔고 텔레비전에 출연한 적도 있다고 했다.

그의 누나들은 내게 가끔 얘기하곤 했었다. 오래전의 일이지만 흰 눈 내리던 어느 겨울날, 동생이 마당에서 무언가를 열심히 줍고 있어서 살펴보니 강아지가 다 뜯어놓아 읽을 수 없게 된 내 편지봉투 속의 시 조각들을 하나라도 더 찾으려고 낱말을 맞추고 있었는데, 그 정성스런 모습이 잊히지 않는다고……. 항상 나의 시를 제일 먼저 읽는 독자가 되어주고, 어른이 되면 제일 먼저 나의 시집을 묶어 많은 이들에게 읽히고 싶다고 말하던 친구, 수도자로서 멋있게 살려면 판에 박힌 고루한 사고방식을 가져선 안 되며 생각의 폭을 더 넓혀야 한다고 충고하던 친구, 때로는 조개껍질과 도화지에 아름다운 그림도 그려주고, 수녀원에 뜻을 둔 내가 나를 좋아하던 다른 소년 때문에 괴로워하며 다른 생각을 할라치면 정색을 하며 "그도 나도 널 좋아하지만 벨라뎃다(필자의 세례명) 소녀는 하느님 외의 누구의 것도 아니라고 생각해. 너의 진정한 행복을 위해 우리는 마음이 아프더라도 슬픔을 견뎌야 하고, 너도 마찬가지야" 하고 짐짓 오빠라도 된 것처럼 단호히 말해주던 좋은 친구를 나는 수녀원에 와서 더욱 고마워할 때가 많았다.

나의 첫 시집을 보면 그가 제일 기뻐할 것 같기에 간단한 사연과 함께 우편으로 보낸 일이 있는데 돌아온 답은 뜻밖에도 '시집은 간 데없고 웬 반공서적만 봉투 안에 몇 권 들어 있더라'는 것이었다. 번번이 훼방꾼이 나타나는 것도 심상치 않아 난 그 후로 아예 연락을 안 하는 게 현명하겠다고 판단하고 열심히 수도생활에 전념했다.

못 만난 세월 동안 많이 변했을 그 친구를 종종 기도 중에 기억하는 가운데 나는 어느새 중년의 나이로 수도서원 25주년을 맞이하게 되었다. 바로 그해 나는 우연히 수녀원의 심부름 겸 초청강의도 할 겸 캐나다 토론토에 갔다가 본래는 예정에 없던 몬트리올에서 강의 관계로 이틀을 묵게 되었다. 그곳 본당 신부님께 혹시나 하고 그의 이름을 댔더니 대뜸 잘 안다며 그 자리에서 즉시 그의 집으로 전화를 걸어주셨으나, 아직 퇴근 전이어서 우리는 저녁미사에 들어갔다. 그 사이에 친구는 전갈을 보내 우리의 다른 일정을 취소하게 하고 그의 집에서 저녁 식사를 하자고 초대했다. 하도 오랜만이라 어색하지 않을까 걱정이 되면서도 그 옛날의 소녀처럼 가슴이 두근거렸다. 프랑스풍으로 아름답게 꾸며진 집의 현관 앞에서 친구도 이젠 중후한 아저씨가 되어 환히 웃는 얼굴로 두 팔을 벌리고 나를 맞아들였다.

"이게 분명 꿈은 아니겠지? 삼십 년 만이야, 그렇지? 며칠 전엔 내가 코스모스꽃을 보다가 문득 네 생각을 했었는데…… 정말 이상하다…… 텔레파시가 통한 것 아닐까?"

그는 몇 번이나 말하며 내게 포도주를 따라주었고 옛이야기에 꽃을 피우는 우리의 모습을 내가 처음 보는 그의 부인과 아이들도 바라보며 함께 기뻐했다. 멋과 낭만이 넘치는 소설가이기도 하신 K신부님은 식사 중에 우리의 만남을 축복하는 특별기도도 해주셨다.

"너무 오랜만인데도 어색하지 않고 반말이 절로 나오네" 하고 나도 친구에게 웃으며 이야기했다('이런 자연스러움은 우리가 주님 안에서 참으로 순결하고 애틋한 우정을 나누었기 때문이겠지?' 하고 나는 속으로만 말했다).

시종 내 옆자리에 앉아 있던 그가 진지한 표정으로 또 물었다.

"너, 수녀원에 간 것 후회 안 하니?"

"아니."

"수녀로서 행복하니?"

"응."

"그럼 됐어."

다정한 작은오빠같이 말하던 그는, 내가 떠나던 날 이른 아침 몬트리올 공항에 나와 그의 팀이 구상해서 만들었다는 도시건축 예술 관련의 불어 서적 한 권을 내게 건네주었다. 그리고 최근에 아버지의 죽음을 통해 느낀 것, 그동안 체험한 자신의 인생, 신앙, 예술에 대해 짧은 시간이지만 담담하고 솔직하게 들려주었다.

삼십 년 만의 만남이 이루어졌던 이 년 전 가을, 캐나다에서 가져온 단풍잎 몇 개가 지금도 내 책갈피에서 고운 추억의 빛깔로 불타고 있다. 단풍잎 속에서 그 옛날의 소년 진이 빙그레 웃으며 다시 말을 건넨다.

"생각나니? 네가 수녀원에 가기 전에 내게 주었던 그 빨간 노트 말이야. 내가 제일 소중히 생각하는 그 노트는 아마 누나가 갖고 있을 거야."

"그래, 그런데 넌 그 귀한 노트를 네가 대학에서 처음으로 사귄 여자친구에게 내 허락도 없이 보여주었잖아. 그 애가 너와 헤어지고 나서 이별의 슬픔을 달래기 위해 나한테까지 찾아왔던 일 너는 모르지? 자기는 떠나지만 날더러 요한의 영원한 친구로 남아달라는 부탁을 하러 일부러 수녀원까지 왔다고 해서 나는 누군지도 모르고 면회실에 나갔다가 얼마나 당황했는지 몰라."

"그래? 그런 일이 있었구나, 미안해. 괜히 나 때문에 곤란하고 마음이 아팠겠네?"

"아니야, 그래도 너에겐 고마운 일이 더 많아. 어린 시절에도 그토록 어른스럽고 절제 있게 행동한 네가 지금도 무척 기특하고 신기하게 생각될 때가 있어."

"고마워, 어쨌든 앞으로도 좋은 시 많이 쓰고 건강해. 알았지?"

"응, 알았어. 나도 늘 너를 위해 기도할게. 그런데 있잖니, 비행기가 하늘로 뜨고 나서 이제 어쩌면 너를 볼 수 없을지도 모른다고 생각하니까 갑자기 눈물이 나서 조금 울었어, 나 우습지?"

"아니……."

아직도 투명한 그리움이 묻어 있는 캐나다의 빨간 단풍잎 속에서 친구가 웃으며 손을 흔든다.

튤립꽃 같은 친구

멀리 떨어져 살고, 한동안 소식이 뜸하더라도 어릴 적의 친구는 늘 따뜻한 아름다움과 그리움의 대상으로 살아온다.

어린 시절에도 빨간 스커트에 샛노란 스웨터를 즐겨 입던 나의 친구는 나이 쉰이 된 지금에도 빨간 원피스와 빨간 코트를 입고 내 앞에 나타났으나 조금도 어색한 구석이 없고 오히려 멋져 보였다. 그 친구를 볼 때마다 나는 빛깔이 화려하고 선명한 한 송이 튤립을 떠올리곤 했다. 편지를 쓸 때면 서두에 '좁은 문의 벗에게' '나의 그립고 사랑스런 벗에게'라고 즐겨 쓰며 끝에는 '나의 예쁜 벗에게, 꼬마 친구가'라고 쓰는 친구. "이 나이가 되어서도 네겐 예쁘다는 말밖엔 달리 할 수가 없구나"라고 되풀이하는 내 어릴 적의 친구. 바로 옆에서 소곤대는 것처럼 다정한 마음과 따스한 웃음이 넘쳐

나는 그의 글들을 읽을 때마다 나는 문득 먼 데 있는 그가 보고 싶어진다.

현재 캐나다에 살고 있는 내 어린 시절의 벗 현숙이가 퍽도 오랜만에 나와 연락이 된 후 보내온 첫 편지의 몇 구절을 다시 읽어본다.

'그리운 친구야, 반가운 손님이 집에 오면 맨발로 달려나가서 춤추고 싶은 심정처럼 이 편지도 신발을 신지 않은 상태의 너를 반기는 나의 춤이란다.

초등학교 때, 너의 집에 가면 너의 어머님이 고추에 밀가루를 입혀서 찐 반찬과 감자를 주셨던 생각이 난단다. 그리고 네가 나에게 예쁜 조가비를 비단 헝겊에 싸서 준 생각도 나는데 그 귀한 조가비가 지금은 어디로 갔는지…….

예쁜 새들이 앞뜰에 와서 노래할 때마다 먼 곳에 있는 친구를 생각하게 됨은 언젠가 우리 둘도 정답게 앉아서 새들처럼 속삭이고 싶어서일 거라고 생각한단다. 정말 보고 싶구나. 네가 이곳에 올 기회가 있으면 얼마나 좋을까? 너의 시들이 내 마음에 닿으면 때로는 눈물이 되고, 때로는 사랑이 되고, 때로는 환희가 됨을 느낀다. 네가 옛날에 내게 써준 한 구절을 늘 기억하며 너를 그리워한단다. 너는 잊었을지도 몰라. '간밤에 별이 곱다고 주고받던 이야기, 깨고 나니 꿈이었구나' 하는 구절을 말이야. …… 나에게 주은 June이라는 키가

크고 예쁜 딸이 하나 있단다. 마음이 아주 착해. 그 애가 영어로 쓴 시를 너도 한번 읽어볼래?'

앤Anne이라는 세례명을 지닌 내 친구 현숙이는 내가 창경 초등학교 5학년 때 강원도 원주에서 전학을 왔고, 6학년 때도 한 반이었는데 환히 웃는 그의 하얀 얼굴과 귀여운 보조개가 인상적이었고, 늘 꾸밈없이 자연스럽고 구김살 없는 밝은 성격이 내 마음에 들었다. 명랑하고 솔직한 그 애에 비해 난 왠지 새침하고, 우울하고, 답답한 편이어서 더욱 그에게 매력을 느끼며 가까이 지냈는지도 모르겠다.

초등학교를 졸업하던 날도 난 다른 친구들을 제쳐두고 오직 현숙이하고만 학교 근방의 원남동, 동숭동 거리를 쏘다니며 졸업 후의 헤어짐을 아쉬워했던 기억이 새롭다. 서로 다른 여학교에 들어가서도 우린 종종 연락을 주고받으며 각자 새로 사귄 친구들을 소개해서 함께 어울리기도 했다. 한번은 어떤 사소한 일로 현숙이가 나 때문에 몹시 화가 났다는 말을 전해 듣고는 확실히 알지도 못하고 그 애의 이사 간 집을 찾아 헤매다 눈물이 날 만큼 혼난 일도 있었는데, 일부러 화해의 먼 길을 달려온 나를 친구는 퍽도 감격하며 맞아들이던 생각이 난다.

친구가 대학을 졸업하고 혼담이 오갈 무렵 나는 이미 수녀로서 처음으로 서원을 한 후 서울에서 첫 소임을 하고 있었는데, 이름난 꽃꽂이 연구가인 친구의 어머니가 운영하는 연구소에서 있었던 몇 번의 만남을 끝으로 친구는 캐나다로 이민을 가고 나는 필리핀으로 떠나게 되었다. 외국에서도 서로 한두 번 편지를 주고받긴 했으나 연락이 끊어졌다가 거의 이십 년 만에 다시 연결이 되어 편지를 주고받은 뒤 육 년 동안은 또 무소식 속에서 지냈다.

 그런데 1993년 5월 어느 날 밤, 느닷없이 친구는 자기가 다니는 회사에서 내 연락처를 알아냈다며 국제전화를 걸어 외동딸 주은이가 미스코리아 캐나다 대표로 한국에 가게 되어 동행을 하니 잠깐이라도 꼭 만나자는 것이었다.

 친구가 늘 모범 남편이라고 자랑하던 과학자인 강 선생도 우리가 이십오 년 만에 만나 서로 어린애처럼 얼싸안는 모습을 지켜보며 빙그레 웃었다. 우리 수녀원에서 함께 점심을 먹으며 친구는 내내 감동으로 목이 메인다면서 눈시울을 적셨고, 해인海仁이란 이름에선 바다 내음이 나지만 내 어릴 적의 이름 명숙明淑이가 더 정겹다고 했다. 내겐 필요도 없는 알록달록한 팔찌를 풀어서 정표로 받으라던 친구는 예쁜 편지지와 카드도 선물로 잔뜩 놓고 갔다.

 뜻밖에도 자기 딸 주은이가 잠시 한국에 와서 어떤 배우와 사랑에 빠졌는데, 그들의 사랑이 하도 아름다워 자신의 모습도 한 번씩 돌아보게 된다던 친구. 그 사랑을 꼭 축복해주고, 언젠가는 축시도 보내달라며 내게 그들의 사랑 이야기를 열심히 적어 보내던 친구다. 내가 다른 사람과 더 가까워 보이면 아직도 묘하게 질투심이 싹튼다고 고백하는 나의 '튤립꽃' 친구는 어제도 팩스로 편지를 보내왔다. 열두 살에 만났던 친구이니 열두 살이 된 것 같은 마음으로 그의 편지를 읽으면 절로 미소가 떠오른다.

'너를 안 지도 벌써 거의 사십 년이 되었지 않니? 반평생인 셈이야. 주님께서 맺어주신 참으로 고운 인연이라 생각한다. 그동안 나는 사위를 맞고 이런 저런 복잡한 일들도 많았단다. 봄 숨결 속에 피어난 예쁜 꽃들이 여러 빛깔로 뒤뜰을 장식하고 있는데 왜 나의 마음엔 예쁜 꽃이 피지 않는 것인지……. 현실에서의 도피가 아니고 부산, 너 있는 곳에 뛰어가 옛 친구, 꼬마 때 친구와 그리운 우리들의 작은 동네 속으로 들어가고 싶은 그런 마음이야. 네가 여길 다녀간 지도 두 해가 지났구나.'

친구의 딸 주은이가 약혼하기 두 달 전쯤, 나는 수녀원에 관계된 일로 이 주 정도 캐나다에 머물게 되었고, 특별 허락을 받아 친구 집에서 하룻밤을 묵을 수 있었다. 아무리 생각해도 꿈같은 일이라며 내내 입을 다물지 못하고 기뻐하던 친구의 모습을 잊을 수 없다. 꽃들이 많은 그의 정원에서 둘이 손을 잡고 사진도 여러 장 찍었는데, 친구는 그의 빼어난 미적 감각으로 실내장식이며 정원을 무척 아름답게 꾸며놓아 시(市)에서 주는 '가장 아름다운 정원상'도 받았다고 한다.

얼마 전 장안의 화제가 되었던 〈모래시계〉라는 드라마의 주인공을 맡아 더욱 인기인이 된 사위 민수와, 눈에 넣어도 아프지 않을 외동딸 주은을 위해 친구는 나더러 "나는 그들의 인간 엄마이니, 너는 천사 엄마의 몫을 맡을래?"라고 물어왔다. 엄마는 너무 힘들고 이모 정도는 하겠다고 했더니 주은이는 이제 마음 놓고 나를 이모라고 부른다.

친구는 요즘, 꽃잎을 안으로 오므린 튤립같이 사람들도 별로 만나지 않고 자신을 쓸쓸히 오므리고 사나 보다. 하나뿐인 딸이 결혼해서 한국으로 훌쩍 떠나고 나니 가슴속엔 슬픈 거미줄이 쳐 있는 것 같다고 시무룩해 한다.

내가 가끔은 영화 〈바람과 함께 사라지다〉에 나오는 멜라니같이 느껴지기도 한다며 오늘도 기도를 부탁해 오는 나의 벗 현숙에게 나는 바쁘더라도 종종 동심으로 돌아가 새처럼 즐겁게 편지를 써야겠다.

'동무야, 잘 있었니? 내가 슬프고 우울할 때 가장 환한 기쁨과 웃음의 불을 켜서 당겨주던 꽃, 튤립을 닮은 나의 동무야……'

사람 사이의 틈

아파트 사이사이
빈 틈으로
꽃샘 분다

아파트 속마다
사람 몸 속에
꽃눈 튼다

갇힌 삶에도
봄 오는 것은
빈 틈 때문

사람은

틈

새 일은 늘
틈에서 벌어진다

　김지하 시인의 《중심의 괴로움》이란 시집을 읽다가 만나게 된 〈틈〉이라는 이 시가 요즘 내내 마음 안에서 떠나질 않는다.
　창틈으로 스며들어오는 햇빛, 달빛, 바람, 높은 산에서 바위틈을 비집고 돋아나는 아름다운 들꽃, 우리집 장독대 옆, 눈에 잘 띄지도 않는 좁은 돌 틈을 비집고 무성하게 자라나는 풀들, 그리고 바쁘게 일을 하다 잠시 쉬어 보는 시간과 시간 사이의 틈, 하루에도 수없이 어떤 틈들과 만난다.
　자연과 일상의 시간 사이에 어떤 틈이 있듯이 사람과 사람 사이에도 틈이 있다. 상대방을 넉넉히 이해하고 받아들이는 여백으로서의 밝고 긍정적인 틈이 있는가 하면, 서로를 오해하거나 완강히 거부해서 벌어지는 어둡고 부정적인 틈도 있다. 그래서 어떤 관계가 안 좋을 땐 '그들에게 틈이 생겼다' 또는 '틈이 벌어졌다'는 표현을 하는가 보다.
　희망과 신뢰를 바탕으로 한 사랑의 틈이야 많을수록 좋고 살아가는 데 힘이 되지만 서로의 마음이 통하지 않아 빚어지는 불신, 오해, 미움의 틈은 항상 슬픔과 우울함을 안겨준다.

내가 삼십 년이 넘는 세월을 수녀원에 살면서 가장 괴롭고 힘들었던 일을 돌이켜보면 함께 사는 이들과의 관계에 어떤 보이지 않는 틈이 생겼을 때였다. 어느 땐 정말 큰 이유도 없이 평소에 가까이 지내던 이와 사이가 벌어져 한없이 어색해지면서도 서로 표현을 못할 때가 있는데 이런 종류의 틈은 큰소리로 싸우는 것보다 더욱 깊은 괴로움을 안겨준다. 어떻게 이 틈을 메워가야 할지 방법조차 알지 못해 애를 태우다 보면 '연옥이 따로 없다'는 생각도 들고 '이래서 공동생활이 어렵구나' 하고 탄식하며 잠시 절망에 빠지기도 한다.

사실은 좀 더 잘해주고 싶어 좋은 뜻으로 한 행동까지도 곡해되어 어색한 틈을 만들어버렸을 땐 울고 싶도록 답답하다. 일반 가정에서 같으면 금방 툭 터놓고 한마디 해서 그 틈을 메울 수도 있을 텐데 수도원에서는 서로서로가 너무 조심스럽게 대하다 보니 이 틈이 필요 이상으로 오래 벌어져 있는 적도 많은 듯하다. 마냥 내버려두어도 안 되고 너무 성급히 메우려고 해도 안 되고 기회를 보아 자연스럽고 슬기롭게 메워가야 할 사람과 사람 사이의 틈. 무엇보다도 용서와 화해로 서서히 메워가야 할 틈과 틈.

새해를 맞으며 나는 어떤 모양으로든지 그동안 나의 탓으로 썰

렁하게 벌어졌던 친지들과의 틈을 따스한 사랑으로 메워가는 노력을 해야겠다고 다짐해본다. 가깝다고 너무 만만하게 여겨 예의 없이 굴었던 나의 말과 행동, 장담해놓고 지키지 못한 작은 약속들, 상대의 마음을 제대로 읽어주지 못한 무분별과 무관심, 그의 기대를 저버린 나의 이기적이고 교만한 태도, 너그러운 이해심과는 거리가 먼 선입견, 고정관념, 편협한 태도 등등. 이 모두는 평소에 잘 지내던 이들과도 조금씩 틈이 벌어지게 하는 원인이 된다.

아마 어떤 틈은 내가 원하는 것처럼 그렇게 금세 메워지지 않을지도 모른다. 더구나 내 탓으로 한번 벌어진 틈은 그만큼의 대가를 치러야 하리라. 누가 나를 거부하고 나에게 심한 말로 모욕을 주더라도 당황하지 말고 묵묵히 견뎌낼 수 있는 용기와 참을성을 지녀야겠다.

실은 누구보다 나 자신을 위해서도 이 일은 새해 결심으로뿐 아니라 평소에도 가장 최선을 다해야 할 과제임을 알고 있다.

가장 겸손하고 온유하게 그리고 성실하게 이 틈을 메워가지 않는 한 나에겐 결코 참된 평화와 행복이 있을 수 없기 때문이다.

먼 듯 가까운 죽음을 생각하며

오늘은 어제보다 죽음이 한 치 더 가까워도
평화로이 별을 보며 웃어주는 마음
살아라 오늘을 더 높이
나 불던 피리 찾아야겠네

오래전에 쓴 나의 시 〈11월의 기도〉 한 구절을 가끔 기도 삼아 외워볼 때가 있다.

수녀원에서는 매일 낮기도 후 죽음에 대한 시편을 낭송하며 성당에서 퇴장하고, 하루의 일과를 끝내고 봉헌하는 끝기도에서는 '주님, 이 밤을 편히 쉬게 하시고 거룩한 죽음을 맞게 하소서'라고 마무리한다.

늘상 습관적으로 반복하다 보니 본래의 지향을 잊을 때도 많지만, 어느 날은 더욱 정성들여 외우며 문득 죽음의 의미를 새롭게 생각해보곤 한다. 우리보다 먼저 세상을 떠난 이들의 안식을 빌어주며 언젠가 닥치게 될 우리 자신의 죽음도 묵상하게 만드는 이 기도문들을 나는 사랑한다.

며칠 전에 내가 타고 있던 비행기가 추락하여 거의 죽음 직전까지 갔다가 살아난 꿈을 꾸었는데 문득 눈을 떠서 다시 맞는 아침이 참으로 눈부시게 느껴졌다. 거의 십 년 전쯤의 어느 날 꿈엔 나를 데리러 온 죽음의 사자인 듯싶은 이에게 꼭 오 년만 더 지상에 머물게 해달라고 간청한 적이 있었고, 혹시 그때부터 오 년 후엔 정말 무슨 일이 생기지나 않을까 하고 내심 불안했는데 이제 그 오 년도 훨씬 지나가버렸다. 그리고 그동안 내가 기대한 것만큼 열심히 깨어 살지 못했음을 인정하며 요즘도 가끔 그 꿈의 의미를 생각해볼 때가 있다.

같은 식구끼리조차 얼굴을 마주하기 어려울 만큼 바쁘게 살고 있는 우리는 살아서 해야 할 일이 너무 많기에 죽음에 대한 생각은 미리 하지 않게 되고, 아예 잊고 사는 것인지도 모르겠다. 때로는 가까운 친지들의 죽음을 지켜보면서도 우리는 자신의 죽음에 대해서 좀 더 깊고 진지한 사색과 명상의 시간을 오래 갖기 어려울

만큼 늘 무언가에 쫓기며 사는 듯하다.

 죽은 이들이 남긴 물건을 대하는 일은 왠지 으스스하고 두려운 느낌이 들어 어떤 이들은 싫다고 하지만, 나는 평소에도 의미 있는 유품들을 가까이 두는 편이라 조금도 싫은 느낌이 들지 않는다.

 그래서 나의 침방 문 앞에는 어느 사형수가 쓰던 조그만 나무십자가를 걸어두었고, 침대보는 거룩하게 살다 돌아가신 어느 선배 수녀님이 남기고 간 것을 쓰고 있다. 책상 위엔 지난해 암으로 세상을 떠난 사촌 언니 수녀님이 준 은십자가와 묵주가 있고, 오랜 병고에 시달리던 어떤 소녀가 마지막 선물로 준 종이학도 있다.

 또 휴대용 게시판엔 여러 종류의 메모와 함께 장례미사에 다녀올 때마다 받아온 성직자, 수도자들의 기념 상본들이 열 장도 넘게 꽂혀 있다. 간단한 약력과 짧은 기도문이 적힌 손바닥만 한 크기의 종이 위에 인쇄된 고인故人들의 사진을 찬찬히 들여다보면 절로 기도가 되고 숙연해지는 마음이다.

 깊은 영성 시인이셨던 최 신부님, 너무 젊은 나이에 암으로 세상을 떠나 많은 이들의 슬픔을 자아냈던 박 신부님, 바닷가에서 다른 이의 목숨을 구하려다 숨지신 배 신부님, 친지의 결혼식에 다녀오다 교통사고로 숨지신 최 수사님, 대만에서 박사학위를 받자마자 불의의 사고로 목숨을 잃은 윤 신부님…… 그중엔 내가 조시弔詩를 써드렸던 분들도 계시다. 파푸아뉴기니에서 선교하다 심장마비로 숨지신 마르티나 수녀님의 마지막 성탄카드는 커튼 위에 달아두었다.

아직도 나의 기억 속에 생생한 그들의 정다운 웃음, 농담 그리고 생전의 여러 모습들을 떠올리며 앉아 있노라면 세상엔 그리 숨차게 바쁠 일도 아등바등 싸우거나 욕심을 부릴 일도 없는 것 같다. 사소한 일들로 번민하고 화를 내며 누구를 미워하거나 용서 못하는 일들이 너무도 어리석게 여겨진다. 고인들이 세상을 떠날 때의 나이, 상황, 장소는 그들의 삶의 모습만큼이나 다양함을 새롭게 느끼게 하면서 언젠가 맞을 나 자신의 죽음도 생각해보지 않을 수 없게 만든다.

자신의 죽음을 한 치도 예측할 수 없는 인간, 때론 자기도 모르게 지상에서의 마지막 행동을 하게 되는 인간은 강한 것 같으면서도 사실은 얼마나 무력하고 유한한 존재인가. 가끔은 일부러 시간을 내서라도 죽음에 대한 묵상을 함으로써 좀 더 겸허하고 온유한 하루하루를 살아야 할 것이다.

나는 다른 책들도 많이 읽는 편이지만, 특히 죽은 이들이 남긴 수기, 일기 등의 글모음과 병상에서 임종자들을 돌보아준 의사나 호스피스 봉사자들의 절절한 체험담, 그리고 죽음에 대한 연구나 단상에 남다른 관심을 갖고 즐겨 읽는 편이다. 이유 없이 마음이 답답하고 우울해질 때면 솔숲으로 둘러싸인 우리 수녀님들의 묘지에 올라가 잠시 앉았다 오기도 한다.

쓸데없는 욕심과 이기심을 버리고 언제라도 때가 되면 죽음의 강을 건너는 법을 땅 속의 수녀님들은 내게 조용히 일러주시는 것만 같다. 주어진 모든 순간을 마지막인 듯이 소중하게 받아 안으며 감사하라고, 오늘이란 강 위에 사랑의 징검다리를 부지런히 놓아야 한다고, 바람에 흔들리는 풀잎 같은 음성으로 정답게 속삭이는 것만 같다.

나 역시 누구보다 죽음에 초연해야 할 수도자이지만, 이 세상에서 정을 나누며 살았던 사랑하는 이들과의 영원한 이별은 미리 상상해보는 것만으로도 슬프고 서운하다. 간혹 다른 이들로부터 수도자는 일찍 죽을수록 좋지 않으냐는 말을 들으면 문득 야속한 생각도 든다. 이승을 하직할 때도 잠시 여행을 하고 돌아올 때의 가벼운 기쁨과 설렘으로 친지들과 이별인사를 나눌 수 있으면 좋겠다.

어느 날 임종의 고통으로 말문이 막히고, 너무 갑자기 떠나게 되어 제대로 인사를 못하더라도 큰 아쉬움이 없을 만큼 평소에도 조금씩 떠나는 연습을 하며 살아야겠다. 얼마 전 동료 수녀가 함께 외우자고 건네준 기도문의 일부를 오늘도 잠자리에 들기 전에 다시 읽어본다.

'제가 세상을 떠날 때 지혜를 자유로이 사용할는지 지금 알지 못하오니 이제부터 저의 임종의 고통과 모든 괴로움을 당신께 봉헌하나이다. 주님, 저의 마지막 순간이 당신 죽음의 순간과 일치되기를 원하오며, 제 심장의 고동은 당신을 위한 순결한 사랑의 행위가 되기를 원하나이다. …… 오늘부터 당신이 원하시는 죽음의 종류와 그 모든 아픔과 모든 번뇌와 임종의 고통을 저는 즐거이 또한 순종하여 당신 손으로부터 받아들이나이다. 아멘.'

마음의 작은 표현들

며칠 전에 오랜만에 바닷가에 나갔다가 모래 속에 깊이 묻혀 있는 아주 작은 조가비들을 주워 왔고, 오늘은 솔숲길을 산책하다 깨끗한 모양의 솔방울과 도토리들을 주워 왔습니다. 나는 이것을 한동안 소식이 뜸했지만 마음으로 가까운 어린 시절의 벗에게 편지와 함께 보내려고 상자에 담아두었습니다.

요즘처럼 좋은 물건들이 넘쳐나고, 돈만 주면 못 사는 것이 없을 만큼 풍요로워진 시대일수록 상점에서 흔히 살 수 있는 선물보다는 주는 이의 정성과 따스한 마음이 담긴 요란하지 않은 선물이 오히려 더 반갑고 소중하게 느껴질 때가 많습니다. 아주 작은 메모 쪽지 하나라도 때로는 좋은 선물이 될 수 있음을 여러 차례 경험하게 됩니다.

여권과 비행기표마저 잃어버리고 상심해 있던 몇 년 전의 여행길에서 누군가 나뭇잎에 '굿 나잇Good night'이라고 써서 내가 머무는 방에 놓아주고, 박하사탕 한 개와 함께 놓고 간 격려의 말은 힘든 중에도 작은 위로가 되어주었습니다. 그때의 기억을 되살리며 나는 특히 해외에서 힘겹게 살아가는 친지들에게 고국을 느끼게 하는 그림엽서나 나뭇잎, 현재의 사회적 상황이 가장 잘 요약된 신문의 만화, 미담, 아름다운 시들을 오려 보내곤 하는데 긴 글을 못 쓴 채 보내더라도 다들 얼마나 기뻐하는지 모릅니다.

나의 서랍엔 지금도 친지들이 보내준 각종 편지, 카드엽서, 메모지들이 가득합니다. 축일이나 기념일, 어떤 강의 끝에 우리 자매들이 정성을 다해 한마디씩 짤막하게 이어서 쓴 글은 아름다운 모자이크나 조각보처럼 여겨져서 선뜻 버릴 수가 없습니다.

무선전화기나 호출기 사용자가 늘어나고, 편지도 컴퓨터로 찍어 모사전송으로 보내는 이들도 많아지는 요즘엔 친필 편지 받아 보기도 그리 쉽지 않은 듯합니다. 나도 가끔은 워드프로세서를 사용할 때가 있지만 그럴 때라도 꼭 친필로 쓸 여백만은 남겨두곤 합니다. 기계로 찍힌 글씨와 비록 악필일지라도 손으로 직접 쓴 글씨를 받아볼 때의 느낌은 크게 다르기 때문이지요.

'친구야, 편지 한번 안 하는 무심함에다 세상에 없는 천하태평이라구? 하지만 내 편에선 늘 너를 짝사랑하는 마음으로 살고 있다. 소식이 없어도, 안 봐도 넌 늘 내 가장 가까운 마음의 친구이다. 너무 유명(?)한 게 흠이긴 하지만 친구야, 너를 늘 생각하고 사랑한다.'

며칠 전 열다섯 살 때의 글씨 그대로인 중학교 친구 혜숙의 쪽지를 오랜만에 받은 나는 그가 불쑥 전화로 얘기한 것보다 더 찡한 감동을 받고 행복했습니다. 기회 있을 때마다 나는 벗과 친지들에게 건강한 동안 우리가 할 수 있는 작지만 의미 있는 사랑과 기쁨의 표현을 부지런히 하고 사는 소박한 부자가 되자며 강조하곤 합니다.

생전엔 거의 발표되지 않고 있다가 사후에 출판한 에밀리 디킨슨의 1,700여 편이나 되는 제목 없는 많은 시들은 그가 생일이나 기념일을 맞은 그의 가족 친지들에게 적어 보낸 카드나 편지글들을 정리한 것이라고 합니다.

새봄을 맞아 우리는 가족, 친지, 이웃에게 적어 보낼 좋은 생각과 좋은 글귀들을 많이 모아둘 수 있는, 그래서 열기만 하면 언제라도 작은 보물섬이 되어줄 수 있는 아름다운 문집 한 권을 준비하면 어떨까요? 시, 의미 있는 그림이나 만화, 격언, 감동적인 체험담 등을 열심히 모아서 꾸미다 보면 그 자체가 기쁨이 되고, 누군가에게 편지를 하고 싶어도 선뜻 쓸 말이 생각나지 않을 때엔 좋은 길잡이 노릇을 해줄 것입니다.

복스러운 사람

　우리가 서로 주고받는 많은 인사말 중에서도 '복 많이 받으세요'라는 말은 가장 정겹고도 포근한 말이라 생각됩니다. 이 말을 설날이 아닌 날에도 자주 주고받을 수 있으면 좋겠습니다.
　어린 시절부터 나는 복福이라는 금박이 글자가 찍힌 저고리의 끝동이나 옷고름, 은이나 자개로 복을 새겨 넣은 밥그릇이나 젓가락, 복주머니 등을 보면 괜스레 즐거워지고 행복이 바로 곁에 머무는 듯 설레곤 했습니다. 어쩌다 누가 자기에게 예기치도 않은 선한 일, 좋은 일을 하면 그 고마운 마음을 "복 받으세요"라고 표현하는 것도 매우 인상적이어서 나도 어른이 되면 꼭 그렇게 해야겠다고 결심한 적이 많습니다.
　복을 생각하면 왠지 늘 뺨이 붉고 동그스름한 소녀의 모습이 떠오르기도 하는데, 아마도 나의 어린 시절에 어른들이 총명하고도 통통한 아이들을 보면 즉시 "넌 참 복스럽게 생겼구나"라고 하는 말을 자주 들어서인지도 모르겠습니다. '나도 그 애들처럼 좀 복스럽게 생겼으면 복을 많이 받을 텐데……' 하고 내내 거울을 들여다보며 부러워하던 기억이 새롭습니다. 우리 수녀원에도 복자, 복순, 복희, 복련, 순복 등의 이름을 지닌 이들이 많은데 그들은 지금도 복스럽게 생겼지만 어려서의 귀여운 모습들을 떠올리면 더욱 재미있습니다.

장수, 재물, 자손, 풍년, 나라의 안녕과 질서, 부부간의 해로, 우애, 화목, 기쁨, 평화, 사랑, 좋은 만남 등등 그 무엇을 복으로 여기든지 간에 복은 그 자체가 이미 생명 지향적인 것이며 좋은 것, 아름다운 것, 선한 것, 갖추어진 것을 지니고 싶어 하는 인간의 솔직한 꿈이며 희망이라 여겨집니다.

어느 특정한 종교를 믿지 않더라도 인간은 예로부터 어떤 신령한 힘에 의지하여 기도하며 마음으로 복을 빌어왔습니다. 이런 마음을 '기복신앙'이라 하여 무조건 비난하기보다는 오히려 긍정적으로 이해할 수도 있다고 봅니다. 인간이 자기보다 더 높고, 위대하고, 능력 있다고 생각되는 누군가에게 가장 겸허하고 진실되게 복을 비는 것 자체는 곧 자기의 유한성을 인식한다는 뜻도 되며 매우 아름답고 따뜻한 일이 아닌가 싶습니다.

새해엔 우리 모두 이기적으로 자신의 복을 구하고 챙기는 일에만 연연하지 말고, 우리 이웃과 나라와 세계를 위해서도 복을 구할 수 있는 넉넉하고 여유로운 마음을 지니면 좋겠습니다. 그리고 자꾸 새로운 복을 달라고 조르기 전에 이미 받은 복을 잘 키우고 닦아서 보물로 만드는 노력과 지혜도 필요하다고 봅니다.

아무런 노력 없이 요행을 바라거나 안일하게 복을 구하는 태도를 지양하고, 우리 일상의 삶 안에서 꾸준히 복을 짓는 덕스러운 나날을 만들어가는 것이 우리 모두의 아름다운 의무라고 여겨집니다. 결국은 덕스러운 삶이 복스러운 삶으로 이어지는 것이 아닐까 하는 생각도 새롭게 해보면서, 우리 각자는 잠시라도 이웃이 편히 쉬어갈 수 있는 작은 '복덕방福德房'의 역할을 하는 복된 새해가 되길 기대하는 마음입니다.

아울러 새로운 한 해를 맞아 우리 모두 외모 못지않게 내면이 복스러운 사람이 되길 함께 기원하면서 나는 아래와 같이 다섯 가지의 소망을 하늘에 띄워 보내고 싶습니다.

1. 하느님의 이웃을 향해 더욱 열려 있는 사랑과 기도로 복스러운 사람이 되게 하소서.
2. 일상의 소임에서 가꾸어가는 잔잔한 기쁨과 감사로 복스러운 사람이 되게 하소서.

3. 타인의 잘못을 받아들이는 이해와 용서로 복스러운 사람이 되게 하소서.
4. 좀처럼 화를 내지 않고 잘난 체하지 않는 온유와 겸손으로 복스러운 사람이 되게 하소서.
5. 옳고 그른 것을 잘 분별하고, 실천할 수 있는 지혜와 용기로 복스러운 사람이 되게 하소서.

밝은 마음, 밝은 말씨

 겨울의 주일 오후, 나의 자그만 방에서 창문으로 쏟아져 들어오는 밝은 햇빛을 온몸에 받고 앉아 있으면 행복합니다. 지난 몇 년 동안 어둡고 그늘진 지하의 방에 머물다가 얼마 전부터 햇볕이 잘 드는 방으로 옮겨 오니 나의 마음까지도 밝고 따스해지는 듯 기쁘고, 전에는 그저 무심히 받아온 한 줌의 햇볕, 한 줄기의 햇살도 예사롭지 않은 큰 축복으로 여겨집니다.
 한 줄기의 따스한 햇살이 어둠을 밝게 해주고 추위를 녹여주듯이 한마디의 따스한 말이 마음의 스산한 어둠을 밝혀주고 고독의 추위를 녹여준다는 사실을 오늘도 새롭게 기억하면서 또 한 번의 새해가 내게 내미는 하얀 종이 위에 나는 '밝은 마음, 밝은 말씨'라고 적어봅니다.

요즘 내가 가장 부럽게 생각하는 사람은 어떤 경우에도 밝은 표정, 밝은 말씨로 옆 사람까지도 밝은 분위기로 이끌어줄 수 있는 사람입니다. 직접 만나거나 전화로 이야기를 나눌 때 한결같이 밝은 음성으로 정성스럽고 친절한 말씨를 쓰는 몇 사람의 친지를 알고 있습니다. 때로는 그가 몹시 어려운 처지에 놓여 있음을 이쪽에서 훤히 알고 있는데도 여전히 밝고 고운 말씨를 듣게 되면 무슨 특별한 비결이라도 있느냐고 묻고 싶어지기도 합니다. 그러한 말은 마치 노래와 같은 울림으로 하루의 삶에 즐거움과 활기를 더해주고 맑고 향기로운 여운으로 오래 기억됩니다.

상대가 비록 마음에 안 드는 말로 자신을 성가시게 할 때조차도 그가 무안하지 않도록 적당히 맞장구치며 성실한 인내를 다하는 이들을 보면 참으로 존경스럽습니다. 자기 자신의 기분보다는 오히려 상대방을 먼저 헤아리고 배려하는 사랑의 마음이 느껴지는 말씨, 이기심과는 거리가 먼 인정 가득한 말씨는 우리에게 언제나 감동을 줍니다.

자기가 속상하고 우울하고 화가 났다는 것을 핑계로 우리는 얼마나 자주 퉁명스럽고 불친절한 말씨로 주위의 사람들까지도 우울하고 힘들게 하는 경우가 많은지 모릅니다. 또한 다른 이들에게 충고한다고 하면서 얼마나 냉랭하고 모진 말로 지울 수 없는 상처를 주곤 하는지 이러한 잘못을 거듭해온 나 자신의 모습을 돌아보며 새삼 부끄러워집니다. 금방 후회할 줄 알면서도 생각 없이 말을 함부로 내뱉은 날은 내내 불안하고 잠자리도 편치 않음을 나는 여러 차례 경험하였습니다. 뜻깊고 진지한 의미의 언어라기보다는 가볍고 충동적인 지껄임과 경박한 말놀음이 더 많이 난무하는 듯한 요즘 시대를 살아오면서 참으로 마음을 정화시켜 줄 고운 말, 밝은 말, 참된 말이 그리워집니다.

겉으론 긍정적인 것 같으면서도 보이지 않는 가시가 숨어 있거나 교묘한 위선의 그늘이 느껴지는 이중적이고 복잡한 말이 아닌 단순하고 투명한 말씨, 뒤가 없는 깨끗한 말씨를 듣고 싶습니다. 하느님 안에 우리가 어린이처럼 맑고 밝은 마음, 고운 마음을 지니며 살려고 노력한다면 매일 쓰는 말씨 또한 조금씩 더 맑고 밝고 고와지리라 믿습니다.

새해를 맞아 내가 늘 사랑의 빚을 지고 사는 친지들에게 자그만 선물이라도 보내고 싶어 두리번거리는 나에게 유리창을 뚫고 들어온 한 줄기 햇살이 가만히 속삭여줍니다.

'친절한 말 한마디가 값진 선물보다 더 낫지 않느냐?(집회서 18:17)'

잎사귀 명상

꽃이 지고 나면
비로소 잎사귀가 보인다
잎 가장자리 모양도
잎맥의 모양도
꽃보다 아름다운
시詩가 되어 살아온다

둥글게 길쭉하게
뾰족하게 넓적하게

내가 사귄 사람들의

서로 다른 얼굴이
나무 위에서 웃고 있다

마주나기잎
어긋나기잎
돌려나기잎
무리지어나기잎

내가 사랑한 사람들의
서로 다른 운명이
삶의 나무 위에 무성하다
—나의 시 〈잎사귀 명상〉

어느 날 나는 유심히 창밖의 나뭇잎들을 바라보다가 이런 글을 적어보았습니다.

우리 수녀원의 어느 수녀님이 계절이 바뀔 때마다 꽃이 아닌 나뭇잎들을 작은 화병에 꽂으며 기뻐하는 모습을 본 일이 있습니다. 얼마 전엔 내 옛 친구의 집을 방문했더니 어떤 화가의, 여러 종류의 나뭇잎만을 소재로 한 그림달력이 벽에 걸려 있었는데, 어찌나 아름답던지 꼭 갖고 싶다는 말을 하려다 괜한 욕심인 듯싶어 접어두면서 방학숙제로 동생과 함께 열심히 여러 가지 나뭇잎들을 채집하던 어린 시절의 추억을 즐겁게 떠올려보았습니다. 소나무, 참나무, 미루나무, 느티나무, 오동나무, 은행나무 등등. 나무들의 종류는 참 많기도 하고 홑잎, 겹잎, 마주나기잎 등 잎사귀의 종류도 많으며 원형, 선형, 피침형, 마름모형 등 잎사귀의 모양 또한 매우 다양합니다.

우리가 나무들을 전체적으로 감상하거나 그 꽃과 열매에 눈길이 가긴 쉬워도 나무에 달린 잎사귀 자체에 특별한 관심을 기울이는 일은 적은 것 같습니다. 그러나 가을이 되어 꽃도 열매도 다 떠나 보낸 뒤의 나무 위에서 바람에 한들대는 나뭇잎들의 모습은 쓸쓸하지만 아름답게 보입니다. 고운 낙엽 한 장을 주워 책갈피에 끼우는 마음도 문득, 잊고 있던 잎사귀에 대한 애정과 떠나가는 것에 대한 아쉬움과 그리움 때문이 아닐까 생각해봅니다.

길을 가다 보면 어쩌면 사람들의 모습이 저토록 다를까? 새삼 놀라게 되는 적이 있고, 공동체 안에서 살다 보면 함께 사는 이들의 너무 다른 성격과 기질에 거듭 놀라고 감탄할 때가 많습니다. 가까운 가족, 친지, 이웃들을 살펴봐도 그들이 걷는 삶의 길, 삶의 태도 역시 얼마나 다양한지 모릅니다.

누구나 한 번쯤 삶의 시작과 끝을 생각해보는 가을. 어느 계절보다 가을을 사랑하는 나는 오늘 아침, 성당 유리창으로 비쳐오는 상록수들의 푸른 그림자에 내 마음을 포개면서 문득 우리 모두가 그리스도라는 나무뿌리에서 함께 그러나 서로 다르게 피어나 노래하고 기도하는 초록의 잎사귀들로 여겨졌습니다.

자면서도 깨어 있네

　항상 성서를 읽다 보면 특별히 마음에 와닿아 잊히지 않는 구절이 있고, 이런 구절들은 우리의 삶에 희망과 기쁨을 더해줍니다. 빼어난 사랑노래로 알려진 '아가'서의 '나는 잠잤어도 마음은 깨었었다(아가 5:2)'라는 구절을 읽을 때마다 나는 금방 누군가의 연인이 된 듯 즐겁고 행복한 느낌이 듭니다. 가끔은 이 말에서 시적 감흥을 받아 '아침의 눈부신 말을 준비하는 벅찬 기쁨으로 나는 자면서도 깨어 있네'라든가 '잠자면서도 잠들지 않는 나의 그리움' 등의 표현을 해보기도 했습니다. 내가 잠을 자면서도 자주 시의 말을 찾아 깨어 있듯이 사랑 또한 그러하리라고 생각합니다.

　사랑은 그 본질상 방심하고 게으르거나 무관심하고 나태할 수 없으며 늘 민감하게 열려 있는 마음의 문입니다. 그래서 엄마는 자면서도 아기를 생각하고 아기가 조금이라도 아프거나 칭얼대면 즉시 일어날 준비가 되어 있으며, 서로 사랑하는 연인들 역시 자면서도 잠들지 않는 사랑의 설렘으로 들떠 있으며, 그들의 유일한 관심사는 오직 상대방을 기쁘고 행복하게 해주는 일일 것입니다. 그러므로 사랑하는 이가 부르기만 하면 언제라도 반갑게 빠른 걸음으로 달려나갈 준비가 되어 있으며, 이러한 깨어 있음이야말로 누가 시키지 않아도 스스로 갖추게 되는 사랑의 기본 태도라고 생각됩니다.

그런데 내 애인, 내 가족, 내 친구만을 사랑하고 말기엔 우리의 사랑을 필요로 하는 이들이 세상엔 너무 많고, 바로 이것이 우리를 자면서도 깨어 있지 않고는 못 배기게 만드는 하느님의 부르심이며, 이것은 아름답다 못해 조금은 괴롭기도 한 우리의 가장 큰 의무인 것입니다. 인간적으로 나약한 우리의 작고 얕고 좁은 마음그릇을 좀 더 크고 깊고 넓은 마음그릇으로 바꾸어 사랑하기 위해선, 아무래도 아무 조건 없이 무한대의 사랑으로 세상과 인류를 끌어안은 예수님의 그 큰 마음을 배우고 빌려야만 가능하겠지요.

끓어오르는 미움과 분노를 극복하고 용서와 화해로 거듭날 수 있는 사랑, 한국의 순교성인들처럼 모진 박해 속에서도 충절을 지킨 사랑, 막시밀리안 콜베 성인처럼 전혀 알지도 못하는 이웃을 위해서까지 자신의 목숨을 내어놓을 수 있는 사랑, 마더 데레사처럼 가난한 이들을 가장 우선적으로 선택하는 사랑. 이 모든 사랑은 단번에 즉흥적으로 이루어지는 것이 아니라 평소에 '자면서도 깨어 있을 만큼' 꾸준하고 성실한 사랑의 연습을 통해서만 얻어지는 값진 열매임을 알고 있습니다.

참으로 이런 사랑만이 세상을 구원할 수 있고, 이런 사랑을 위해 몸 바친 이들이 있었기에 아직 세상은 아름답고, 사람들은 희망을 잃지 않으며 이 사랑에 자극을 받아 더 열심히 사랑할 준비를 하게 되는 것입니다.

내 삶의 주인이신 그분을 기다리는 애틋한 설렘으로 나는 오늘 잠들기 전부터 문을 열어놓고 '깨어 있는 마음'이 되고 싶습니다.

성서聖書 읽는 기쁨

지난 1977년 부활절, 우리말로 된 신·구약성서 합본을 수녀원에서 처음으로 선물받았을 때의 그 기쁨과 설렘을 무엇에 비길 수 있을까요? 지금도 가끔 그때의 감격을 되살리며 성서를 읽노라면 새로운 힘이 생깁니다. 평소에도 그렇지만 특히 피정이나 묵상 기도를 할 때 고즈넉한 빈방에 촛불을 켜고 앉아 성서를 읽고 맛들이는 즐거움은 참으로 은혜로운 선물이 아닐 수 없습니다.

무릇 그리스도인의 삶은 일상생활이든 대인 관계이든 모두 성서적이어야 한다고 봅니다. 적어도 그날그날의 복음과 독서 내용을 되새김하며 일상의 삶 안에서 그 가르침을 실천하려 애쓴다면 우리가 주고받는 대화 역시 속되고 피상적인 것에서 좀 더 거룩하고 깊이 있는 것으로 순화되어가리라고 생각합니다. 나도 매일의 소임 장소에서 그날의 복음 한 구절을 옆의 수녀님과 함께 읽고 일을 시작하는데, 그 말씀들은 어느새 고운 보석으로 가슴에 박혀 시간을 낭비하거나 이웃을 함부로 대할 수 없게 하고, 진지하고 조심스런 태도를 갖도록 도와줍니다.

어쩌다 신앙의 갈등이나 삶의 회의에 빠져 괴로울 때도 어떤 스승에게서보다 큰 힘과 위로와 용기를 얻을 수 있는 생명의 원천이 곧 성서임을 우리는 자주 체험하게 됩니다. 가정이나 본당, 수도원의 어떤 모임에서건 각자 성서를 읽고 느낀 점을 서로 나누다 보면 무척 다양하고, 새롭고, 창의적인 다른 이의 묵상법에 놀라게 되고, 성서가 불후의 명작이며 사람의 마음을 움직이는 최고의 거룩한 책이라는 것을 더욱 실감하게 됩니다.

좋아하는 성서 구절마다 색연필로 밑줄을 긋는 것, 편지, 엽서, 카드의 인사말을 모두 성서 구절을 인용해서 쓰는 것, 잠시 여행을 떠날 때도 꼭 작은 성서를 갖고 다니며 남이 볼 때도 거리낌없이 읽는 것 등은 내가 즐겨 하고 이웃에게도 권하고 싶은 조그만 실천 사항들입니다.

며칠 전엔, 중학교 시절부터 내게 편지를 보내오곤 하다가 결혼 후 입교를 하고, 지금은 한 아이의 엄마가 된 재준 엄마가 보낸 편지의 몇 구절이 나를 기쁘게 했습니다.

'저는 요즘 성서 읽는 기쁨에 어찌할 바를 모르겠습니다. 읽을 때마다 새로운 책, 비할 바 없이 좋은 책, 성스러운 책을 왜 진작 접하지 못했는지 후회스럽기조차 합니다. 성서 읽는 기쁨을 수시로 느끼다 보니 자연히 책도 일반 서점보다는 가톨릭 서점에 가서 고르게 되고, 그러다 보니 제 신앙도 더 견고해지는 느낌입니다.'

이렇듯 성서를 읽는 기쁨이야말로 우리가 진정 맛들여야 할 기쁨, 끝없이 확산시켜야 할 그리스도인의 기쁨이라고 생각합니다.

하느님과 이웃과 자신을 들여다보는 은총의 거울
성서와 함께 기뻐하는 마음으로
매일을 사노라면
기쁨은 또 기쁨을 낳아
우리의 삶을 축제이게 합니다
―나의 시 〈성서와 함께〉

선물의 집

 어쩌다 외출을 하게 되면 책방이나 꽃집과 마찬가지로 나의 시선을 끄는 것은 규모가 별로 크지 않고 아담하게 꾸며진 '선물의 집'입니다. 특별히 살 것이 없어도 마음에 드는 '선물의 집' 간판이 눈에 띄면 일단 들어가서 구경을 하고 가끔은 내 분수에 맞는 작은 선물을 사들고 나오기도 하는데, 하여튼 아기자기하고 예쁜 물건들이 많이 놓여 있는 방에서 선물을 고르는 이들의 모습을 지켜보는 것은 즐거운 일입니다. 여기선 우울과 불안으로 찡그린 얼굴보다는 밝고 환하게 웃음 띤 얼굴, 어떤 희망과 기대에 찬 고운 표정들을 많이 만날 수 있기 때문입니다.

 밖에 있는 선물의 집에 비할 바는 못되지만 오래전부터 나는 경우에 따라 공부방이 되고, 기도방도 되고, 침방도 되어 종종 '다목적 방'이라 부르는 내 자그만 방에 둥근 바구니 한 개를 준비해두고 이웃에게 주어도 좋을 만한 카드, 그림엽서, 조가비, 돌멩이, 연필, 색종이 상자, 신문이나 잡지에서 오려낸 좋은 글귀나 그림 등을 모아두었다가 필요할 때 선물하곤 합니다.

"수녀님, 친구에게 보낼 멋진 시 한 편 골라주세요" "어린이에게 어울리는 카드 있으면 한 장 주세요" 등등의 부탁을 받을 때 즉시 들어줄 수 있을 때마다 나는 힘 안 들이고 기쁨을 파는 행복한 선물의 집 주인이 된 것 같아 흐뭇합니다. 가끔은 스스로 멋에 겨워 자아도취에 빠지거나 어떤 보답을 바라는 허영심이 스며들까 걱정도 되지만 내가 살아 있는 동안은 이 일을 계속하고 싶은 마음입니다.

극히 하찮은 물건이라도 사랑의 마음이 담기면 빛이 나지만 아무리 비싼 물건이라도 사랑이 묻어 있지 않으면 이내 빛을 잃고 싸늘해집니다. 우리가 누군가로부터 선물을 받을 때도 그것이 나 자신을 위한 것이라기보다는 다른 이에게 주기 위해 받는 것일 때 더 부담 없고 기쁜 것을 자주 경험하게 됩니다. 굳이 어떤 물건을 주고받지 않더라도 우리는 서로 사랑하는 가운데 존재 자체가 걸어 다니는 선물의 집, 움직이는 기쁨의 집, 나눔의 집이 될 수 있지 않을까요?

한 해를 마무리하며 몸도 마음도 바빠지는 12월, 곧 다가올 크리스마스를 준비하며 우리는 서로 물질을 주고받는 선물은 더욱 간소화하되, 마음으로 주고받는 선물은 더욱 늘려가면 좋겠습니다. 용서와 이해의 눈길, 따뜻한 미소, 친절한 말, 상대의 말을 정성껏 들어주기, 주변의 가난하고 힘든 이웃을 시간 내어 챙겨주기 등등 마음만 먹으면 할 수 있는 선물들이 많이 있을 것입니다.

  가장 완벽한 사랑의 모델이신 예수께서 만나는 모든 이에게 당신 존재 자체로 다른 이의 필요를 채워주는 '선물의 집'이셨듯이, 오늘을 살아가는 우리 또한 이웃에게 자신을 기꺼이 내어주는 한 채의 아름답고 따스한 선물의 집이길 바라며 나는 다음과 같이 노래해봅니다.

  사랑할 때 우리 마음은
  바닥이 나지 않는 선물의 집
  무엇을 줄까
  어렵게 궁리하지 않아도
  서로를 기쁘게 할 묘안이
  끝없이 떠오르네

  다른 이의 눈엔 더러
  어리석게 보여도 개의치 않고

언어로, 사물로 사랑을 표현하다
마침내는 존재 자체로
선물이 되네, 서로에게

사랑할 때 우리 마음은
괴로움도 달콤한 선물의 집

이 집을 잘 지키라고
하느님은 우리에게
사랑하는 마음을 심어준 것이겠지?

―나의 시 〈선물의 집〉

너무 늦지 않게

오래전, 셰익스피어의 비극을 공부하던 수업시간마다 담당 교수님이 하시던 말씀이 잊히지 않습니다. "비극의 주인공들이 모든 것을 너무 늦게야 깨닫게 된 비극적 결함 Tragic fault과 상황이 우릴 슬프게 한다"는.

우리의 삶에도 종종 우리 자신의 결함과 실수로 빚어지는 '회복하기엔 너무 늦은 상황'들이 벌어질 때가 있습니다. 우리에게 충격을 준 서울 성수대교의 붕괴도, 대구 가스폭발 사고도 일을 맡은 이들이 때를 놓치지 않고 최선의 성실과 책임을 다했다면 일어나지 않았을 비극인 것입니다.

이렇게 외적으로 크게 드러나는 사건이 아니더라도 우리는 종종 우리와 관계를 맺고 살아가는 이들을 좀 더 이해하고 용서하는 일을 끝까지 미루다가 그들이 병들어 저세상으로 떠난 후에야 너무 늦었다고 가슴 치며 후회하는 어리석음을 범하기도 합니다.

'수녀님, 우리의 삶은 왜 이리 바쁘지요? 하루, 한 해가 너무 빨리 가버려요. 수녀님이 서울에 오실 때마다 만난다 해도 그게 앞으로 몇 번이나 될까 싶어요' '행여나 하고 수녀님의 답을 기다리다가 지치고 말았습니다……'라는 친지들이 보내온 이런 글들을 읽을 때마다 나는 늘 미루어둔 만남과 해야 할 숙제가 많음을 절감하며 초조해지기까지 합니다. 아무리 사소한 것일지라도 그때그때 해결하지 못하고 미루어둔 일들이 널려 있음을 보는 것은 우울한 일입니다. 제때에 실천하지 못한 결심이나, 자신의 무관심과 게으름으로 제때에 이행하지 못한 이웃과의 약속들을 기억해내는 것은 부끄러운 일입니다.

며칠 전 나는 아직 젊은 나이에 갑자기 암 선고를 받고 투병을 시작한 어느 신부님을 방문했는데 적절한 위로의 말을 찾을 수 없었고, 작은 꽃병에 담아 들고 간 은방울꽃 몇 송이를 내미는 게 고작이었습니다. 꽃향기가 좋다는 인사를 잊지 않던 그 신부님과 헤어질 때 나는 '이분이 병들기 전에 꽃을 들고 찾아왔으면 더 좋았을 텐데……' 하는 생각으로 마음이 어두웠습니다.

"진작 찾아뵈려고 했습니다만……" "진작 연락을 드리려고 했습니다만……" 하고 평계를 대듯이 우리는 가끔 하느님 앞에서도 '이 일이 끝나면 당신을 찾으려고 했습니다만……' 하는 식으로 염치없는 고백을 할 때도 많은 듯합니다.

살아가면서 우리는 늘 바쁜 것을 핑계로 정작 중요하고 의미 있는 만남의 순간들을 놓쳐버리거나 꼭 기억해야 할 아름다운 순간들을 잃어버리고, 건성으로 지나칠 때도 많다고 생각됩니다. 때로는 나중에 후회할 줄을 뻔히 알면서도 '당장은 힘들지만 유익한' 지혜로운 선택보다는 '우선 쉽고 편하지만 무익한' 어리석은 선택을 해버릴 때도 있습니다.

남들이 우두커니 몽상에 빠져 있거나 방종과 쾌락에 탐닉되어 있을 때도 한눈을 팔지 않고, 삶의 모든 순간에 최선을 다하는 이들의 모습은 슬기롭고 아름다워 보입니다. 가끔 높은 담 너머 갇힌 공간에 사는 수인囚人들로부터 단 한순간이라도 놓치지 않고 더 많이 사랑하고 더 많이 기도하려는 열망과 노력이 가득한 글들을 받을 때마다 내 적당주의의 삶이 부끄러워 얼굴을 붉힙니다. 항상 때를 놓치지 않는 지혜를 구하며 정현종 시인의 〈모든 순간이 꽃봉오리인 것을〉이라는 시를 읊어봅니다.

나는 가끔 후회한다
그때 그 일이
노다지였을지도 모르는데……

그때 그 사람이
그때 그 물건이
노다지였을지도 모르는데……
더 열심히 파고들고
더 열심히 말을 걸고
더 열심히 귀 기울이고
더 열심히 사랑할 걸……

반벙어리처럼
귀머거리처럼
보내지는 않았는가
우두커니처럼……
더 열심히 그 순간을
사랑할 것을……

모든 순간이 다아
꽃봉오리인 것을,
내 열심에 따라 피어날
꽃봉오리인 것을!

내가 꿈꾸는 문구점

　다른 사람들에 비하면 외출의 범위가 극히 제한되어 있는 수도자의 신분이지만 내가 가장 자연스럽게 갈 수 있는 곳, 가보고 싶은 곳 중의 하나가 바로 문구점입니다. 문구점에 들를 때마다 나는 설렘을 감출 수 없고, 꿈꾸는 어린이가 되는 느낌입니다. 그 안에 들어서면 시간 가는 줄 모르고 있을 때가 많기에 여유 없는 날은 아예 들어가는 것을 포기합니다. 바닷가 산책을 나갔다 오는 길에 종종 동네 문구점에 들러 예쁜 편지지, 메모지, 노트, 볼펜, 포장지들을 고르다 보면 노래라도 부르고 싶을 만큼 밝고 즐거운 마음이 됩니다.
　"아저씨, 크레용 주세요" "생일카드 있어요?" 하며 들어서는 어린 친구들의 모습을 지켜보는 것 또한 즐겁고, 열심히 물건을 챙겨주는 주인의 친절한 표정과 손길을 바라보는 것도 즐거운 일입니다.

한번은 내가 옛 친구와 함께 문구점에 가서 마음에 드는 편지지를 발견하고 하도 기뻐하니, 친구는 "그렇게 좋으니? 아직도 넌 소녀 모습 그대로구나" 하면서 열 묶음이나 사서 안겨준 적도 있습니다. 그후에도 친구는 아름다운 편지지, 노트, 카드들을 사서 모아두었다가 선물용으로 쓰라며 우편으로 보내주곤 합니다.

전과 달리 요즘은 문구용품들도 매우 화려하고 고급스러워졌지만, 그래도 가장 부담 없고 실용적인 선물을 선택하려면 문구용품만큼 적절한 것이 없는 듯합니다.

우리 수녀원에서는 해마다 설날 아침에 여러 가지 문구용품을 세뱃값으로 줍니다. 커다란 소쿠리에 풀, 가위, 수첩, 색종이, 형광펜, 클립 등등 온갖 다양한 품목들을 담아 장식해두고 세배가 끝나면 각자 원하는 것 한 가지씩을 갖는 것인데 환히 웃으며 문구용품들을 집어가는 이들의 모습은 보기가 좋습니다.

나는 가끔 상상 속의 문구점 주인이 될 때가 있습니다. 가게 이름은 누구라도 들어와서 원하는 물품들뿐 아니라 기쁨과 희망과 사랑도 담아가는 '누구라도 문구점'이라 지으면 어떨까요? 실내엔 항상 잔잔한 음악이 흐르게 하고 손님들이 가장 잘 볼 수 있는 곳에 계절에 어울리는 아름다운 시詩들을 걸어두겠습니다. 공간이 그다지 넓지 않더라도 작은 책상과 걸상을 한 모퉁이에 마련하여 향기로운 들꽃을 꽂아두고, 때때로 손님들이 한 잔의 차를 마시며 정다운 이들에게 편지나 카드를 쓸 수 있도록 배려하는 친절을 베풀겠습니다. 그리고 가능하다면 그에게 필요한 선물 상담도 해주고 삶과 문학을 이야기하는 좋은 벗과 이웃이 되고 싶습니다. 물건을 만드는 사람들도, 그것을 팔거나 사용하는 사람들도 그 안에 사랑의 혼을 불어넣어야 빛이 나고 가치 있는 것임을 꼭 이야기해주겠습니다.

또한 덮어놓고 새것만 선호하지 말고 작은 것이라도 자기가 이미 사용하는 물품들과 끝까지 길들이고 정들이며 좋은 친구가 되는 아름다움을 키워야 한다고 일러주겠습니다. 늘 내 서랍 속에서 쓰임 받기를 기다리며 조용히 웃고 있는 삼십 년 된 색연필 한 다스와 묵직한 펀치, 그때그때 떠오르는 생각들을 적어둔 사랑스럽고 오래된 수첩에 얽힌 추억에 대해서도 들려주겠습니다. 꼭 사야 할 물건이 없을 때라도 평소에 나눈 정 때문에 길을 가다가도 잠시 들렀다 갈 수 있는, 평범하지만 삶의 멋을 아는 성실한 단골손님들을 많이 만들어가고 싶습니다.

누구라도 와서 함께 작은 기쁨을 나누는 작은 규모의 문구점을 이렇게 상상 속에 그려보는 것만으로도 즐거운 나는 아직 쓰지 않은 새 노트들과 연필, 고운 카드와 편지지가 놓여 있는 우리방 선반에 '누구라도 원하시면 가져가세요'라고 써 붙여 '누구라도 코너'

를 만들어두니 옆의 자매들도 즐거워하고, 실제로도 기쁨을 파는 선물방의 주인이 된 듯 요즘은 더욱 풍요롭고 행복한 매일입니다.

슬픔은 두고두고 우리네 일이네
주희를 추모하며

'수녀님, 전 주희 언니와 의자매를 맺은 동생이에요. 그토록 자유와 건강을 원하고 죽음보다 잊혀짐을 두려워하더니 언니는 이렇게 허망하게 떠나가버렸습니다. 아직 믿기지 않는 일이라 넋을 놓고 있는데 문집이 나왔다며 찾아가랍니다. 그렇게 기다리고 기뻐할 언니가 없는 문집이 기쁨보다 슬픔이 되어 다가옵니다. 이 편지지는 언니의 유품입니다.'

서주희 엮음으로 되어 있고 '경대병원 B동 519호 사람들'이란 부제가 붙은 《우리들의 이야기 II》라는 문집을 받던 그날도 나는 주희가 말린 장미꽃잎과 색종이로 접은 종이학을 가득 담아 보내준 둥근 유리병을 바라보며 그를 생각하고 있었다. 그가 그토록 좋아했으나 병실에 갇혀 갈 수 없었던 푸른 바다를 창밖으로 내다보며 이젠 한줌의 재가 되어 스러진 그의 푸른 넋을 아련한 그리움과 슬픔 속에 기억하고 있었다. "주희야, 잘 가! 응?" 하면서…….

지난 5월 대구 가스폭발 사고가 나기 바로 이틀 전, 나는 대구 교도소에 볼일이 있어 다녀오는 길에 일정이 촉박했지만 서둘러 병원에 들러 주희를 잠시 만나고 왔는데 그것이 마지막 만남이 되어버렸다. 그날 따라 주희는 힘들게 입을 열어 "많이 보고 싶었더랬어요" 하며 기뻐했고, 그의 옆에 있던 그의 동생 은희도 농아라서 말은 못했으나 무척이나 반가워하며 주스를 따라주고 주희의 앨범을 보여주는 등 반가움을 표시했다. 그로부터 이 주일 만인 5월 21일. 나는 주희가 세상을 떠났다는 소식을 전해 들었고, 직접 갈 수 없는 형편이어서 대구에 사는 친지에게 나 대신 가줄 것을 부탁했더니 하얀 장미 꽃다발을 들고 갔노라고 했다.

'3월의 꽃바람 속에'라는 제목으로 이미 주희에 대한 글을 《꽃삽》에도 쓴 일이 있지만 내가 처음 주희를 알게 된 것은 1993년 2월, 《샘터》의 기자를 통해서였다.

"독자의 청에 의해 수녀님께 한 가지 부탁을 드립니다. 얼마 전 저희 회사로 한 젊은이가 찾아와 이렇게 말했습니다.

'며칠 전에 지난해(1992년) 《샘터》 인간승리상을 탄 서주희 양을 찾아갔는데 의사의 말로는 두 달을 넘기지 못할 거라고 하더군요. 고통 중에서 시종 웃는 얼굴로 사람을 대하는 모습이 마치 천사 같았어요. 그 얼굴을 보니 두 달밖에 못 산다는 게 너무 안타까웠어요. 그런데 퍼뜩 법정 스님이나 이해인 수녀님 같은 분이 편지를 한 통 써서 보내주신다면 몇 달은 더 살 수 있지 않을까 하는 생각이 드는 거예요.'

저희들은 그 얘길 듣고 수녀님께 부탁을 올리기로 했습니다. 편지를 보내주십사고요. 불의의 교통사고로 주희 양은 팔 년째 누워 있으며 이젠 눈과 왼손만이 겨우 살아 움직이는데 그런 상태에서도 꾸준히 글을 보며, 특히 수녀님의 글들을 주의 깊게 읽는다고 합니다. 그녀에게 따스한 격려의 글을 보내주신다면 어떤 도움보다 큰 빛을 얻으리라 생각됩니다."

주희 양이 꼭 내 글을 받고 생명을 연장할 수 있으리란 생각은 안 했지만 하도 간곡한 부탁이기에 난 이내 글을 보내기 시작했고, 자주는 아니지만 가끔 방문하여 필담도 나누었다. 우리 수녀원의 예비 수녀들과도 몇 번 글을 주고받았던 주희는 자기가 여러 날 모아둔 사탕이나 초콜릿을 고마움의 표시로 보내오곤 했다. 참으로 오랜 세월 앓아 누운 사람답지 않게 주희는 늘상 평온하고 해맑은 얼굴을 하고 있었으며 도서실만큼이나 수많은 책들로 채워진 병실에서 열심히 책을 읽고 있었다.

　같은 병원에 입원해 있던 성호라는 남학생과 그의 친구들, 그들이 커가면서 사귀는 여자친구들까지 인연이 닿아 친동생 세 명 외에도 동생들이 많아 행복하다던 주희는 차츰 귀가 안 들림에도 그 동생들이 병실에서 열어주는 작은 음악회를 즐겼으며, 함께 문집을 만드는 일에 보람을 느꼈다. 곧 다가올 자신의 죽음을 예감이라도 한 듯 주희는 사랑하는 이들과의 이별의 아쉬움을 이번에 나온 문집의 머리글에서 이렇게 적고 있다.

　'사람들이 내게 하는 가장 흔한 말 중의 하나가 무엇을 가지고 싶으냐이다. 그러면 나는 없다는 뜻으로 고개를 흔들 때가 많다. 어차피 이 세상을 떠날 때는 모두 두고 가야 하는데 무엇이 그리 아쉬우냐고! 하지만 열심히 한번 생각해보았다. 그랬더니 난 정말 미련한 사람인 것 같다. 왜냐하면 떠나는 사람에게 가장 슬픈 일은 사랑하는 사람을 두고 가야 하는 건데 내가 가장 가지고 싶은 것은 사랑하는 사람이니까……. 그래도 난 어느 분의 말처럼 행복한 사람이겠지? 나를 사랑하는 사람, 내가 사랑하는 사람이 이렇게 많으니…….'

　지난 이 년 간 내가 주희로부터 받은 십여 통의 편지 중 몇 구절을 다시 읽어본다.

'요즘도 매달《샘터》를 사 읽습니다.《샘터》는 제게 은인인 셈이니까 항상 반가워요. 수녀님이 쓰신 '꽃삽'과 '한국에서 발견한다'를 제일 먼저 읽습니다. 작은 사랑 얘기가 너무나 좋고 외국인의 눈에 비친 한국인의 모습이 궁금하기 때문이지요. 잔잔하게 퍼지는 사랑의 향기를 지닌 수녀님의 글들은 지난 시간을 되돌아보게 하고, 다른 사람을 더 많이 사랑하고 이해할 수 있도록 도와줍니다. 수녀님의 사랑을 받는 사람들이 무척 부러워요. 이렇듯 못난 주희도 늘 기억해주심이 얼마나 기쁘고 감사한지요.'

'일 년 사이에 수녀님 얼굴에 주름이 느신 것 같아 안타깝기도 했어요. 제게 이것저것 챙겨주시던 그 모습은 애틋한 정을 느끼게 해 기뻤습니다. …… 제 주위엔 고맙고 좋은 사람이 많아서 큰 복이지만 문득문득 나는 혼자라는 생각이 듭니다. …… 수녀님, 저는 바람이 되고 싶어요.'

누워서 어렵게 쓴 편지, 보통 일 주일이나 걸려서 쓴 주희의 긴 편지들을 다시 보니 그가 살아 있을 때 좀 더 자주 글을 보내주지 못했던 점이 아쉽고 미안하다.

"우리 주희는 좋은 데 갔겠지예, 그 불쌍한 것이……" 하며 말을 잇지 못하던 주희 어머니와 모처럼 긴 통화를 했던 오늘, 창밖엔 가는 비가 내리고 있다.

비가 오면 마음이 포근하고 차분해진다는 주희, 그는 유난히 비를 좋아했었다. 평소에 그토록 좋아했다는 김창완의 노랫말 속에서 한 줄기 비가 되어 떠난 주희의 애절한 음성이 들리는 것만 같다.

'그대 떠나는 날에 비가 오는가, 하늘도 이별을 우는데…… 슬픔은 오늘 이야기 아니고 두고두고 우리네 일이네.'

첫영성체의 하얀 기쁨

　누가 나에게 가장 잊을 수 없는 선물을 받은, 잊을 수 없는 크리스마스가 언제였냐고 묻는다면 나는 서슴지 않고 내가 첫영성체를 하던 해의 크리스마스라고 대답하고 싶습니다. 지금도 어쩌다 서울 혜화동 로터리를 지나게 되면 내게 아름다운 추억을 심어준 혜화동성당을 정다운 눈길로 바라보곤 합니다.

　거의 사십 년이 지난 지금도 그때의 기억은 생생하고, 아홉 살 먹은 어린 소녀가 처음으로 예수님을 받아 모시고 행복한 미래를 꿈꾸었던 12월의 그날, 유난히 날씨는 추웠지만 마음은 따뜻하게 느껴졌던 그 성탄절을 잊지 못합니다. 한 장의 빛바랜 사진 속에서 활짝 웃고 있는 어린 모습의 나와 옆의 동무들이 문득 그리워지기도 합니다.

늘 신비하게 보였던 하얀 고깔의 수녀님과 그분의 하얀 미소, 우리가 입었던 하얀 옷과 제대 위의 하얀 초, 신자들이 쓴 하얀 미사보, 성당에서 어린이들에게 끓여준 하얀 떡국 등등 모든 것이 다 하얗게 눈부신 기억으로 살아 있습니다. 그날 가장 큰 사랑의 선물이었던 예수님의 몸(밀떡) 또한 거룩하고 순결한 흰 기쁨으로 나를 압도하였습니다. 첫영성체 때의 기도는 무엇이나 들어주신다는 수녀님의 말씀에 난 구체적인 내용은 잊었으나 '앞으로 예수님을 닮은 가장 착하고 올곧은 삶을 살겠습니다'는 결심을 봉헌했던 것 같습니다. 그리고 수십 년이 지난 지금 수녀원에서 해마다 성탄을 지내면서 난 그토록 아름답고 순결했던 첫영성체의 때의 첫 결심을 다시 기억하며 행복해지곤 합니다.

'화이트 크리스마스'라는 노래를 듣거나 부를 때면 눈이 오지 않았어도 눈나라에 서 있는 것처럼 하얗게 황홀했던 어린 시절의 크리스마스를 떠올리며 훗날 주님이 불러주신 사랑과 믿음과 희망의 하얀 길, 좁은 길로 들어서길 참 잘했구나 하는 생각이 듭니다. 가는 길이 힘겹게 느껴질 때도 그분이 함께 계심을 믿기에 마음 든든한 나는 지금껏 많은 성탄 선물을 받았지만 첫영성체의 선물만큼 아름답고 큰 선물은 다시 없었다고 생각합니다.

우리도 모든 이에게
마음의 문을 여는 행복한 이웃
행복한 세상을 만드는 벗이 되자
이름을 부르면 어느새 내 안에서
푸른 가을 하늘로 열리는
그리운 친구야

친구에게

편 지

친구에게

부를 때마다
내 가슴에서 별이 되는 이름
존재 자체로
내게 기쁨을 주는 친구야
오늘은 산 숲의 아침 향기를 뿜어내며
뚜벅뚜벅 걸어와서
내 안에 한 그루 나무로 서는
그리운 친구야

때로는 저녁노을 안고
조용히 흘러가는 강으로

내 안에 들어와서
나의 메마름을 적셔주는 친구야
어쩌다 가끔은 할 말을 감추어둔
한 줄기 바람이 되어
내 안에서 기침을 계속하는
보고 싶은 친구야

보고 싶다는 말 속에 들어 있는
그리움과 설렘
파도로 출렁이는 내 푸른 기도를
선물로 받아주겠니?
늘 받기만 해서 미안하다고 말할 때
빙긋 웃으며 내 손을 잡아주던
따뜻한 친구야
너에게 하고 싶은 말들이 모였다가
어느 날은 한 편의 시가 되고
노래가 되나 보다

때로는 하찮은 일로 너를 오해하는
나의 터무니없는 옹졸함을

나의 이기심과 허영심과 약점들을
비난보다는 이해의 눈길로 감싸 안는 친구야
하지만 꼭 필요할 땐
눈물나도록 아픈 충고를 아끼지 않는
절실한 친구야

내가 아플 때엔
제일 먼저 달려오고
슬픈 일이 있을 때엔
함께 울어주며
기쁜 일이 있을 때엔
나보다 더 기뻐해주는
고마운 친구야
고맙다는 말을 자주 표현 못했지만
세월이 갈수록
너는 또 하나의 나임을 알게 된다

너를 통해 나는
사랑하는 법을 배우고
기뻐하는 법을 배운다

너의 그 깊고 넓은 마음
참을성 많고 한결같은 우정을 통해
나는 하느님을 더욱 가까이 본다
늘 기도해주는 너를 생각하면
나 또한 기도하지 않을 수 없다
내 마음까지 훤히 들여다보는
네 맑고 고요한 눈을 생각하면
나는 함부로 행동할 수가 없다
나도 너에게 끝까지
성실한 벗이 되어야겠다고
새롭게 다짐해본다

우리가 서로를 이해 못해
힘든 때도 있었지만
화해와 용서를 거듭하며
오랜 세월 함께 견뎌온 우리의 우정을
감사하고 자축하며
오늘은 한 잔의 차를 나누자
우리를 벗이라 불러주신 주님께
정답게 손잡고 함께 갈 때까지

우리의 우정을 더 소중하게 가꾸어가자
아름답고 튼튼한 사랑의 다리를 놓아
많은 사람들이 춤추며 지나가게 하자

누구에게나 다가서서
좋은 벗이 되셨던 주님처럼
우리도 모든 이에게
마음의 문을 여는 행복한 이웃
행복한 세상을 만드는 벗이 되자
이름을 부르면 어느새 내 안에서
푸른 가을 하늘로 열리는
그리운 친구야

사랑이 참되기 위해서는

마더 데레사께

"사랑이 참되기 위해서는 그 대가를 치러야 합니다. 사랑을 하려면 상처 입고, 자기를 비워내야 합니다."

마디마디 힘주어 천천히 말씀하시는 당신의 그 조용하면서도 신념에 찬 음성이 바로 가까이서 들리는 듯합니다.

데레사 수녀님, 평안하신지요?

이젠 캘커타의 어머니뿐 아니라 전 세계의 어머니가 되신 데레사 수녀님, 오늘, 우리 나라 신문의 해외토픽난에서 당신의 모습을 뵙고 반가웠습니다. 미국을 방문 중인 당신이 신생아와 유아들을 위한 집 봉헌식에 참석하시어 어느 주교님과 대통령 부인 힐러리 여사 사이에서 활짝 웃고 계신 사진이었습니다. 한 살에서 세 살까지의 아기들을 그들이 입양될 때까지 돌보아주는 그 집 이름은 당신의 이름을 따서 붙여졌다고 하더군요.

"원치 않고, 먹이고 교육할 수 없는 아이들이 있다면 그 아이들을 내게 주십시오. 어떤 아이도 거절하지 않을 것입니다"라고 늘 당당히 말씀하시며 낙태 반대운동에 앞장서시는 수녀님. 오늘 저는 미지의 가톨릭신자인 독자로부터 반가운 편지를 받았습니다. 그는 첫아기를 낳고 십 년 만에 다시 아기를 가졌는데 임신인 줄 모르고 계속 감기약을 먹어서 장애아를 낳을까 걱정되고, 주위의 권유도 있고 해서 낙태를 해버릴까 생각 중이었다고 합니다.

그는 이렇게 적었지요.

'어느 날 우연히 텔레비전에서 수녀님과 함께 마더 데레사를 보게 됐는데 거기서 생명의 소중함을 일깨워주는 그분의 삶을 보고 아기를 낳기로 결심했습니다. 태어나서 버려진 장애아를 거두어 보살피시는 것을 보고 흐르는 눈물 속에 용기를 얻고, 믿음이란 주님의 뜻대로 사는 것을 실천하는 것이라는 결론을 얻게 됐습니다. 곧 태어날 우리 아기를 위해 꼭 기도해주세요.'

제가 직접 뵙고 이 소식을 전해드리면 약간은 무뚝뚝하게 느껴지는 그 특유의 굵은 음성으로 "베리 굿Very good!" 하시며 활짝 웃으시겠지요? 이렇듯 당신은 먼 곳에까지 깊은 영향력을 뻗치고 계십니다.

자신을 위해서는 아무것도 남겨두지 않는 겸허한 사람, 오직 이웃 사랑을 위해 전존재를 투신하며, 입에서 나오는 말은 예수·마리아가 전부인 기도의 사람. 많은 이들이 그토록 가까이 뵙고 싶어 하는 수녀님과 두 번의 인터뷰를 하고, 바로 곁에서 사흘 동안이나 미사에 참여하며 함께 성가를 부르던 일이 제겐 아직도 잊을 수 없는 기쁨으로 그 고운 빛깔을 더해가고 있습니다.

성당 안에서 당신의 그 주름진 얼굴과 손, 닳고 닳아 뭉툭해진 발, 구김살이 펴지지 않는 청색 스웨터와 빛깔이 바랜 낡은 사리, 오래된 기도서를 보는 순간 저는 흐르는 눈물을 주체할 길 없었습니다. 그 눈물은 값싼 감상이 아니었으며, 끊임없이 자신을 비워내는 참사랑을 실천하는 분 앞에서 한없이 부끄럽고 초라해지던 저 자신을 돌아보는 참회의 눈물이기도 했습니다.

약 오십 년의 긴 세월 동안 오직 가난한 이들과 함께하며 깊게 패인 사랑의 주름살도, 깊고 푸른 눈빛도 모두가 성스러운 아름다움으로 저를 압도하며 주눅 들게 했었답니다. 몇 달 전 그곳을 다녀온 후 늘 벼르기만 하던 문안편지 한번 올리질 못했습니다. 인도에 다녀와 저는 꽤 여러 날 몸도, 마음도 앓으며 지냈는데 그것은 어쩌면 너무 큰 사랑의 충격 때문이 아니었나 싶습니다. 전 앞으로도 계속 앓아야겠지요.

사랑이 참되기 위해서는 오늘도 끊임없이 자기를 비우고 헌신해야 함을 행동으로 일러주시는 어머니, 당신께 깊은 존경과 감사를 드리오며 일러주신 다음 말씀을 늘 잊지 않고 살겠습니다. '우리가 얼마나 많은 일을 하느냐가 아니고 얼마나 많은 사랑을 실천에 옮기느냐가 더욱 중요하다'는…….

캘커타의 아침 해처럼
마더 데레사께

'나는 목마르다'는
십자가 위에서의 예수의 말씀을 새기며
우리를 사랑의 길로 초대하시는 수녀님
"마리아를 통해 예수께로 가자"
"우리가 먼저 기쁘게 살고 그 기쁨을 이웃에게
전하자"고 항상 외치시는 수녀님

캘커타의 어느 감옥의 벽에
마하트마 간디와 나란히
큰 얼굴로 그려져 있던 당신의 모습을 보았습니다
"두 사람을 완전하게 사랑할 순 없어도 모든 이를 완전하게 사랑할 순 있다"고 의미 있는 말씀을 하셨지요?
예수 안에 모든 것이 가능하다고……

당신은 세상 곳곳 벽을 넘어 날개도 없이 날아다니는
사랑의 천사이며 희망의 어머니임을 사람들은 압니다
인도에서 만난 많은 이들도 당신을
위대한 노벨평화상 수상자로 살아 있는 성녀로 칭송의 표현을 했지만
그 어떤 칭호에도 관심 없다는 듯
당신은 오직
예수 안에만 깊이 잠겨 계시고
예수가 그토록 사랑했던
힘없고 가난한 이들을 돌보기 위해
하루 24시간이 모자라십니다

오후 네 시가 넘으면 해가 지기 시작하던
캘커타의 그 길고 긴 강처럼
가슴엔 긴 사랑이 넘쳐
세계로 흘러가는 어머니
우리가 편히 쉬고 즐기며

각자의 취미생활에 빠져 있는 순간에도
당신은 발이 부르트도록
가난한 이들을 찾아 나서시느라
자신의 안락한 삶은 잊은 지 오래입니다
그러한 당신을 생각하면
찡한 감동으로 눈물이 나면서도
당신을 닮지 못하고
여전히 이기적으로 살고 있는
부끄러운 제 모습을 봅니다

이제 당신은 멀리 계셔도
저는 가까이 듣습니다
"우리가 깊이 기도할 땐 영원을 만난다"는 그 말씀을 깊이 새기며
캘커타의 아침 해처럼
가난한 이의 마음에 떠오르는
당신의 모습을 그려봅니다.

꽃씨와 도둑
금아琴兒 피천득 선생님께

마당에 꽃이
많이 피었구나

방에는
책들만 있구나

가을에 와서
꽃씨나 가져가야지

　가끔 큰 욕심에 눈먼 이들을 보거나 특히 요즘처럼 엄청난 비자금 파문으로 온 나라가 떠들썩할 때 다시 읽어보는 피천득 선생님의 〈꽃씨와 도둑〉이란 짧은 시는 포근한 감동으로 우리를 미소짓게 합니다. 또한 선생님의 소박하고 단순한 삶의 모습이 그대로 느껴집니다. 방금 저는 선생님의 시집《생명》을 동네 책방에서 사들고 오는 길입니다. 지난번에 직접 사인해서 보내주신 책은 다른 수녀님들도 읽게 하려고 도서실에 내어놓았기에 다시 읽고 싶어 제 몫으로 하나 구한 것이지요.

이번 가을엔 큰 상賞—인촌상仁村賞—을 받으셔서 선생님을 아끼고 존경하는 이들로부터 정성스런 축하도 많이 받으셨으리라 생각됩니다. 처음에 그 소식이 신문에 보도되었을 때 저는 즉시 그 기사를 오려서 독일에 있는 선생님의 열렬한 애독자인 김효정 씨에게 보냈답니다.

거의 이십 년 전 봄, 제가 시인 홍윤숙 선생님과 함께 라일락 향기 가득한 망원동 댁으로 찾아뵈었을 때 청빈하고 겸허한 수사님같이 느껴졌던 선생님의 첫인상은 지금도 변함이 없으십니다. 지금은 아파트에 사시지만 가구 하나 없이 텅 빈 마루와, 서재라고 하기엔 너무도 자그만 선생님 방의 낡은 책상과 의자, 오래된 영문 시집들이 꽂혀 있는 작은 서가와 사랑하는 가족들과 시인들의 사진이 놓여진 선생님의 낯익은 방을 저는 자주 떠올려보곤 합니다.

제자들이 선물했다는 녹음기로 음악도 즐겨 들으시고 시인들의 육성으로 된 시 낭송도 자주 들으시는 선생님은 가끔 저에게 시나 수필을 읽게 해 녹음하시기도 했습니다. 위스키 한 방울도 살짝 떨어뜨려 손수 타주시는 커피를 마시며 선생님의 옛 앨범이나 친필로 써놓으신 좋은 글모음 노트도 감상하는 즐거움을 누렸습니다.

"어떻게 생각하세요? 이건 내가 좋아서 뽑아놓은 수녀님의 시 한 구절인데……."

뜻밖에도 저의 첫 시집 《민들레의 영토》의 몇 구절을 보여주시며 환히 웃으시던 선생님의 그 말씀은 얼마나 기쁘고 놀랍던지 저는 부끄러움도 잊고 선생님의 귀한 노트를 몇 번이나 다시 들여다보곤 했습니다.

"슬프고 어두운 이야긴 신문에서만 읽어도 넉넉하니 수녀님은 제발 맑고 아름다운 글을 더 많이 써주세요" 하고 저를 만날 때마다 당부하시던 선생님. 어쩌다 선생님 댁을 방문하고 늦은 시간에 수녀원으로 돌아올 때면 택시를 태워 집 앞까지 바래다주곤 하셨던 선생님. 잠시 해외에 다녀온다고 제가 비행장에서 전화를 드리면 "아이구 어쩌나, 내가 비행장에 나갔어야 하는데……" 하시며 안타까움을 표현하시던 선생님의 정겨운 음성을 저는 오래도록 기억할 것입니다.

오랜 세월 선생님을 가까이 뵈면서 저는 친절과 겸손이 어떤 것인가를 배웠습니다. 가끔 선생님과 함께 산책을 하거나 아름다운 연극, 영화, 음악을 감상하게 되면 선생님의 그 유명한 수필 〈반사적 광영〉에서처럼 저는 선생님 덕분에 더욱 기쁘고 행복해지는 시간들을 고마워했습니다. 제가 선생님을 뵈올 때 동반하고 간 손님이 프로스트, 셸리, 예이츠 등등 시인의 이름을 알고 있다는 것만으로도 그에게 후한 점수를 주시던 모습도 잊히지 않습니다.

해마다 부활절과 성탄절이면 극히 간결한 축원의 말과 이름만 써서 보내주시는 카드들인데도 선생님의 육필이 소중하게 여겨져 버리지 않고 모아두었습니다. 평소에 말씀이 적으시듯이 수필과 시도 적게 쓰시고, 쓰시더라도 워낙 절제된 표현을 쓰시니 선생님의 글씨 한 조각이 더욱 귀하게 느껴지는지도 모르겠습니다.

어느 날은 묵은 달력에서 떼어낸 르누아르와 모네의 그림 중 한 장을 보여주시며 선택하라고 하셔서 제가 두 장 다 갖고 싶다고 했더니 매우 아까워하시며 한 장을 주시던 그 모습도 즐거운 추억으로 간직하고 있습니다. 늘 아름다운 그림카드나 엽서를 보며 행복해하시는 소년 같은 모습은 여든이 훨씬 넘으신 지금도 여전하십니다. "산책을 즐기고 약간의 엽서를 모으며 살았다"는 선생님의 고백이 가슴 찡하게 울려올 때가 있습니다. 그래서 아름다운 그림엽서나 카드를 보면 선생님을 기억하게 됩니다. 오늘은 영문학사에서 나오는 시인들의 생가와 글귀가 들어 있는 엽서 몇 장을 저의 조그만 선물로 선생님께 보내드리고 싶습니다.

여러 고마운 사람들을 기억하며 우리 마음에 따스한 등불을 켜는 12월엔 선생님께서도 최소한 몇 장의 카드나 엽서를 쓰시겠지요? 몇 해 전 왕적王績과 예이츠의 시를 적어주신 카드, 피사로의 '감자 줍는 이들'과 미국의 어느 현대화가의 '하얀 다리' 그리고 라파엘로의 성모상이 그려진 카드들은 선생님이 보내주신 것들 중 제가 특별히 아끼는 것입니다.

전화 드릴 때마다 "네에……" 하고 길게 빼는 음성으로 정성스럽게 대답하시는 선생님, 지난번 해외여행은 무사히 다녀오셨는지요? 가장 사랑하시는 따님, 아드님, 손자, 손녀들과도 정겨운 시간을 가지셨을 테지요. 유리 그림이 아름다운 성당에도 더러 가보셨는지요?

"난 너무 이기적으로 살아와서 영세받을 자격이 없다"고 미루시다가 이제는 고인이 되신 예수회 김태관 신부님으로부터 교리와 영세를 받으셨을 때 저는 얼마나 기뻤는지 모릅니다. 자연과 인간을 사랑한 따뜻한 마음의 시인, 청빈한 삶의 모델인 성 프란치스코의 이름이 누구보다 잘 어울리는 선생님께 보내드릴 카드를 준비하다가 예전에 제게 보내주신 편지 한 통을 다시 읽어봅니다.

 '주신 편지 감사합니다. 글월 받는 것만도 영광이온데 분에 넘치는 말씀을 주셔서 송구합니다……. 저는 여생이 얼마 남지 않았는데 아직도 자기중심으로 살고 있습니다. 좋은 것, 아름다운 것만을 찾고 마음에 맞는 사람만을 대하려 듭니다. 미운 것, 불결한 것은 피하려고만 들고 많은 불행한 사람들의 고통을 외면하고 살아갑니다. 자기중심에서 벗어나는 구원을 받아야겠습니다.
 얼마 전 수녀님께서 편찮으셨다는 말을 들은 적이 있습니다. 건강을 소중히 하시기 바랍니다. 모쪼록 문복文福이 가득하시기를…….'

 당신 스스로를 늘 이기적이라고 자책하시는 선생님의 겸허한 글은 이기적이면서도 깊이 부끄러워할 줄 모르는 저를 반성하게 합니다.
 끝으로 선생님께서 근래에 쓰신 듯한 〈고백〉이란 시 한 편을 조용히 낭송하며 이 글을 맺습니다. 머지않아 서울이나 부산에서 만나 뵐 수 있길 기대하며 그동안은 기도 안에서 뵙겠습니다.

정열

투쟁

클라이맥스

그런 말들이

멀어져가고

풍경화

아베 마리아

스피노자

이런 말들이 가까이 오다

해탈 기다려지는

어느 날 오후

걸어가는 젊은 몸매를

바라다본다

    진정 한 폭의 수채화 같고, 아베 마리아의 선율처럼 잔잔한 선생님의 날들에 주님의 축복과 은총이 함께하시길 빕니다.

비오는 날의 편지

법정 스님께

　스님, 오늘은 하루 종일 비가 내립니다. 창밖으로는 새소리가 들리고 온통 초록빛인 젖은 나무들 사이로 환히 웃고 있는 붉은 석류꽃의 아름다움을 보여드리고 싶습니다. 비오는 날은 가벼운 옷을 입고 소설을 읽고 싶으시다던 스님. 시는 꼿꼿이 앉아 읽지 말고 누워서 먼 산을 바라보며 두런두런 소리내어 읽어야 제맛이 난다고 하시던 스님.

　오늘 같은 날은 저도 일손을 놓고 좋아하는 음악을 듣거나 시를 읊으며 '게으름의 찬양'을 하고 싶은 마음입니다. 제가 '솔숲 흰구름방'이란 이름을 붙인 이 자그만 방엔 아직 마늘 냄새가 가득합니다. 어제 아침 저희 식구 모두 밭에 나가 마늘을 거둬들이고 저녁엔 물에 불린 마늘을 열심히 벗겨내는 작업을 계속했더니 옷에 배인 냄새가 쉽게 가시지를 않습니다. 가끔 삶이 지루하거나 무기력해지면 밭에 나가 흙을 만지고 흙냄새를 맡아보라고 스님은 자주 말씀하셨지요.

최근에 펴낸 스님의 명상 에세이집《새들이 떠나간 숲은 적막하다》를 보내주셔서 기뻤고, 이 책에 대한 독자들의 뜨거운 반응에 대해서도 축하드립니다. 스님께서는 요즘 어떤 책을 읽으시는지요? 저는 '어른을 위한 동화'라는 부제가 붙은 안도현 시인의《연어》와 니시오카 츠네카츠의《나무의 마음 나무의 생명》그리고 파트리크 쥐스킨트의《비둘기》를 읽었답니다. 며칠 전엔 스님의 책을 읽다가 문득 생각이 나 오래 묵혀둔 스님의 편지들을 다시 읽어보니 하나같이 한 폭의 아름다운 수채화를 닮은 스님의 수필처럼 향기로운 빛과 여운을 남기는 것들이었습니다.

이미 고인이 되신 김광균 시인 댁을 방문했을 때 스님께서 붓글씨로 써 보내신 편지 한 통을 곱게 표구해서 서재에 걸어둔 것을 매우 반갑고 인상 깊게 바라보던 기억이 있습니다. 스님의 글씨를 꼭 지니고 싶어 하는 가까운 친지들에게 스님의 허락 없이 저도 편지 몇 통을 나누어주긴 했지만, 항상 나무, 꽃, 새, 바람 이야기가 가득하고 영혼의 양식이 되는 책, 음악, 차茶 그리고 맑고 잔잔한 일상의 이야기가 담겨진 스님의 편지들이 새삼 소중하게 여겨지는군요.

언젠가 제가 감당하기 힘든 일로 괴로워할 때 회색 줄무늬의 정갈한 한지에 정성껏 써 보내주신 글은 불교의 스님이면서도 어찌나 가톨릭적인 용어로 씌어 있는지 새삼 감탄하지 않을 수 없었습니다. 수년 전 저와 함께 가르멜수녀원에 가서 강의를 하셨을 때도 '눈감고 들으면 그대로 가톨릭 수사님의 말씀'이라고 그곳 수녀들이 표현했던 일도 떠오릅니다.

'수녀님, 광안리 바닷가의 그 모래톱이 내 기억의 바다에 조촐히 자리잡습니다. 주변에서 일어나는 재난들로 속상해하던 수녀님의 그늘진 속뜰이 떠오릅니다. 사람의, 더구나 수도자의 모든 일이 순조롭게 풀리기만 한다면 자기도취에 빠지기 쉬울 것입니다. 그러나 다행히도 어떤 역경에 처했을 때 우리는 보다 높은 뜻을 찾지 않을 수 없게 됩니다. 그 힘든 일들이 내겐 어떤 의미가 있는가를 알아차릴 수만 있다면 주님은 항시 우리와 함께 계시게 됩니다. 그러니 너무 자책하지 말고 그럴수록 더욱 목소리 속의 목소리로 기도드리시기 바랍니다.

신의 조영造營 안에서 볼 때 모든 일은 사람을 보다 알차게 형성시켜 주기 위한 배려라고 볼 수 있습니다. 그러나 안타깝게도 사람들은 그런 뜻을 귓등으로 듣고 말아 모처럼의 기회를 놓치고 맙니다. 수녀님, 예수님이 당한 수난에 비한다면 오늘 우리들이 겪는 일은 조그만 모래알에 미칠 수 있을 것입니다. 그러기에 옛 성인들은 오늘 우리들에게 큰 위로요 희망이 아닐 수 없습니다. 그분 안에서 위로와 희망을 누리실 줄 믿습니다.

이번 길에 수녀원에서 하루 쉬면서 아침미사에 참례할 수 있었던 일을 무엇보다 뜻깊게 생각합니다. 그 동네의 질서와 고요가 내 속뜰에까지 울려왔습니다. 수녀님께 진심으로 감사드립니다. 산에는 해질녘에 달맞이꽃이 피기 시작합니다. 참으로 겸손한 꽃입니다. 갓 피어난 꽃 앞에 서기가 조심스럽습니다. 심기일전心機一轉하여 날이면 날마다 새날을 맞으시기 바랍니다. 그곳 광안리 자매들의 청안淸安을 빕니다……'

왠지 제 자신에 대한 실망이 깊어져서 우울해 있는 요즘의 제게 스님의 이 글은 새로운 느낌으로 다가오고, 잔잔한 깨우침과 기쁨을 줍니다.

어느 해 여름, 노란 달맞이꽃이 바람 속에 쏴아쏴아 소리를 내며 피어나는 모습을 스님과 함께 지켜보던 불일암의 그 고요한 뜰을 그리워하며 무척 오랜만에 인사 올립니다. 이젠 주소도 모르는 강원도 산골짜기로 들어가신 데다가 난해한 흘림체인 제 글씨를 늘 처럼 못마땅해하시고 나무라실까 지레 걱정도 되어서 아예 접어 두고 지냈지요. 1977년 여름에 '구름 수녀에게'라고 적어서 보내주신 아름다운 구름 사진 소책자 《구름의 표정》은 아직도 소중히 간직하고 있습니다. 하늘의 구름들이 특이한 모양을 보일 때면 그 이름을 알기 위해 이 책을 뒤적이곤 한답니다.

스님, 언젠가 또 광안리에 오시어 이곳 여러 자매들과 스님의 표현대로 '현품 대조'도 하시고, 스님께서 펼치시는 '맑고 향기롭게'의 청정한 이야기도 들려주시길 기대해봅니다. 이곳은 바다가 가까우니 스님께서 좋아하시는 물미역도 많이 드릴 테니까요.

항상 산에서 산처럼 살고 싶어 하시는 스님께 제가 오늘 읽은 이창건 시인의 〈산〉이란 동시 한 편을 읊어드리며 이 글을 맺습니다.

산은
높이만큼
뿌리도 깊다
세상을 겉으로 보기보다는
안으로 본다

그래서 가벼워 보이지 않는다
나무들이 잎을 더디 피우거나
풀벌레들이 눈을 늦게 떠도
조바심하지 않는다

안개가 어둠처럼 몸을 감싸도
눈보라가 파도처럼 몸을 때려도
두려워하지 않는다

산은
하늘이 내리시는 일로
세상이 어려움을 당하면
남보다 제일 먼저 걱정하고

세상이 즐거워하면
남보다 제일 늦게 즐거움을 맞는다

사랑하면 될 텐데
박완서 선생님께

방바닥에 내려앉은 아침햇살을
아기는 손으로 집어듭니다
자꾸만 미끄러지는 햇살 잡다가
아기는 그만 울음이 터집니다
울음소리에 놀란 햇살은
슬그머니 문틈으로 달아나버립니다

봄 햇살 속에 사랑스런 손녀를 안고 계실 선생님의 모습을 그려보며 강원도 초등학교 분교의 어느 친지가 보내준 동시 한 편을 적어봅니다. 얼마 전 따님을 통해 보내주신 선생님의 새 작품집《그 산이 정말 거기 있었을까》와 여행길에서 사다주신 검은 목도리도 감사히 받았습니다. 언젠가 영국을 다녀오시며 선물로 주신 워즈워드의 〈수선화〉란 시와 그림이 새겨진 갸름한 접시에 저는 향나무 연필들을 담아두었답니다.

신경숙 씨의 《외딴방》을 읽을 무렵 선생님의 책을 읽었는데 다른 시대를 살아온 두 작가의 자전적인 소설을 통해서 제가 배운 것은 어떤 어려움 가운데도 삶은 아름답고 그 삶을 이끌어가는 이야기의 주인공들은 다 따뜻하고 사랑스런 사람들이라는 것이었습니다. 체험적 진실, 웃음과 눈물 속에 그대로 우리를 빠져들게 하는 작가들의 그 빼어난 묘사력에도 탄복하지 않을 수가 없었습니다. 진정 좋은 글은 우리를 기쁘게 하는 힘을 지니고 있습니다.

겨울도 지나고 어느새 봄이 일어서고 있습니다. 저희 수녀원 정원에도 매화가 피어나기 시작하고 이젠 천리향, 수선화가 얼굴을 보이겠지요. "슬픔 가득할 땐 꽃핀 걸 봐도 힘들기만 하다"고 어느 날 조용히 말씀하시던 선생님과 저의 첫 만남은 수년 전, 선생님이 가장 사랑하는 가족 중의 두 사람과 사별을 해야 했던 고통의 한가운데서 이루어졌기에 선생님을 생각하면 늘 가슴 한 켠이 아려오곤 합니다. 요즘 매주 《서울주보》에 글을 쓰시느라 얼마나 힘드실까 싶어 선생님의 애독자이며, 자매들인 저희는 좋은 글감이 많이 생기실 수 있도록 더 열심히 기도하기로 했답니다.

3월은 제가 수녀원에 입회했던 달이기에 더욱 새롭게 느껴집니다. 삼십 년 전 제가 공부하던 강의실에 한참 어린 후배들이 앉아 있는 모습을 보면 신기하기도 하고, 그 많은 세월 동안 사랑과 기도의 종소리에 제대로 깨어 살지 못한 부끄러움과 자책감에 한없이 우울해지기도 합니다. 얼마 전 연중 피정 강론에서 듣게 된 신부님의 말씀이 계속 제 안에서 떠나질 않습니다.

"많은 경우에 수도자들은 모든 이를 사랑한다는 미명하에 어떤 누구도 참으로 사랑하지 않는 것 같은 느낌을 받습니다. 제발 한 사람, 한 사람을 귀히 여기고 사랑하는 법부터 배우십시오. 그리고 석고상같이 경직되어 있지 말고 실수해도 좋으니 좀 웃는 얼굴로 기쁘게 사시기 바랍니다. 다른 이들이 우리를 보고 기뻐할 수 있도록……"

서 신부님의 그 말씀은 제게 많은 것을 생각하게 해주었습니다. 하느님과 이웃을 전적으로 사랑한다고 늘상 말로만 거듭했을 뿐 진정한 사랑의 길에선 멀리 있는 저의 모습을 보았기 때문입니다. 늘 조금씩 겁먹은 표정으로 거리를 두고 몸과 마음을 사려온 자신을 들여다보며 저는 요즘 계속 스스로에게 타이르곤 합니다. '이봐, 뭐가 두렵지? 사랑하면 될 텐데' 하고 말입니다.

행동뿐 아니라 표현에 있어서도 늘 절제해야 된다는 생각 때문에 '그립다' '보고 싶다' '사랑한다' 등의 말을 접어두었고, 어줍잖은 체면 때문에 인색하고 차갑게 군 적도 많았습니다.

한번은 다른 수녀원에 계신 수녀님과 함께 교도소엘 가서 반가운 이들을 만났는데도 제가 너무 굳어 있었는지 저와의 첫 만남을 설레며 고대하던 어떤 형제는 후에 편지로 '저는 수녀님을 보긴 했지만 느끼진 못한 것 같다'고 적어 보냈습니다. 작별하는 순간에도 수인들에게 따스한 미소와 함께 스스럼없이 포옹해주던 옆의 수녀님과, 어색한 몸짓으로 물끄러미 그들을 바라보기만 하던 저의 냉랭한 모습이 비교되기도 했을 것입니다. 사랑하는 일에 필요한 용기, 인내, 겸손도 거저 주어지는 것은 아닌 듯합니다.

모든 이를 사랑하면서도 한 사람 한 사람에게 각별한 관심과 애정을 보여주신 예수님의 그 사랑을 조금이라도 닮으려고 애쓰는 이 연습생을 선생님도 기도 중에 기억해주세요. 어느 때보다도 저의 사랑 없음을 절감하는 요즘은 항상 넉넉하고 자연스런 모습으로 하느님과 이웃을 사랑하는 이들이 가장 부럽습니다.

사소한 일들로 우울했던 마음을 털고 흙냄새 가득한 정원으로 꽃삽을 들고 나가야겠습니다. 봄까치꽃이 가득한 길을 선생님과 봄 햇살 속에 산책할 수 있기를 기대하며 항상 미풍처럼 은은하게 베풀어주신 그 사랑에도 깊이 감사드립니다. 천리향 향기 속에 띄우는 남쪽의 봄을 먼저 받아주십시오.

처음에 지녔던 사랑으로

유진 수사님께

　유진 수사님, 펭귄새를 연상케 하는 수도복을 입고 새벽 두 시면 어김없이 일어나 기도하는 '새벽의 사람' 트라피스트 수도자로서의 수사님의 모습을 그려보며 새해 첫 글을 드립니다. 헨리 나우웬의 《제네시 일기》를 통해 더욱 친숙했던 그곳을 방문하여 기도 시간에 숨도 크게 못 쉬고 앉아 있었던 저는 은은한 불빛 속에 흘러나오던 수사님들의 그 아름다운 노래를 잊을 수 없습니다. 그곳은 마치 깊고 큰 침묵의 섬으로 느껴져 일상적인 말을 하기도 조심스러웠으나 그러한 침묵 속에서도 경직되지 않은 사랑의 미소를 보았습니다.
　얼마 전 여행에서 돌아오니 함께 일하는 수녀님이 고운 단풍잎도 몇 개 끼워 넣어 새로 도배한 우리 방의 하얀 창호지 문이 얼마나 은은한 기쁨을 주던지요. 바구니에 담겨 있는 우편물들 속엔 수사님이 보내주신 교황 요한 바오로 2세의 《희망의 문턱을 넘어》 영문판과 반가운 편지도 들어 있었습니다. 소설 《침묵》의 작가 엔도 슈사쿠의 《깊은 강》과 더불어 제가 최근에 가장 읽고 싶은 책 중의 하나였기에 더욱 반가웠습니다.

'수도자의 단순성이란 것이 부정적 고행 연습에서 온다기보다 단호한 생의 긍정에서 온다고 생각된다'는 말과 함께 단순노동에 대한 묵상을 생생히 적어 보내신 수사님의 글은 늘 깊은 침묵 속에서 건져 올린 참된 말과 지혜로 빛납니다.

오늘은 '묵시록' 2, 3장의 다음 말씀을 되풀이해 읽으며 제 자신의 모습과 삶을 돌아보았습니다.

'네가 살아 있다는 말이 있지만 실상 너는 죽었다. 그러므로 깨어나거라. 너에게 아직 남아 있는 것이 완전히 숨지기 전에 힘을 북돋워주어라. …… 너에게 나무랄 것이 한 가지 있다. 그것은 네가 처음에 지녔던 사랑을 버린 것이다. 그러므로 네가 어디에서 빗나갔는지를 생각하여 뉘우치고, 처음에 하던 일들을 다시 하여라.'

살아오면서 어느 순간 삶에 활기가 없어지고 모든 것이 시들하게 느껴지는 이유도 따지고 보면 우리가 한껏 순수하고 뜨거웠던

'처음의 마음'을 잃어버리고 적당히 타협하면서 타성에 빠져 안일하게 사는 데에 길들여졌기 때문이 아닌가 싶습니다. 이미 정상에 올라와 있는 예술인은 그가 처음으로 데뷔할 당시의 겸허하고 진지했던 노력을 새롭게 해야 퇴보하지 않으며, 수도자들은 수도원에 갓 들어올 때의 그 풋풋했던 설렘과 '열심히 잘 살아보겠다'던 선한 의지를 끊임없는 노력으로 새롭게 실천해나가야만 제 모습을 갖춘 행복한 수도자가 될 수 있으리라 생각합니다.

그래서 저도 올해는 좀 더 겸허하고 참을성 있게 살고 싶다고 다짐했던 첫 마음, 평범한 작은 일에 더욱 충실해야겠다고 다짐했던 첫 마음, 다른 이에게 상처 주는 말을 하지 않고 좋은 말도 헤프게 하지 말아야겠다고 다짐했던 첫 마음을 되찾아 실천해야겠습니다. 구슬이 서 말이라도 꿰어야 보배이듯이 매일 새롭게 주어지는 새해 새 시간의 구슬들을 믿음과 사랑으로 꿰어 귀하고 쓸모 있게 만들 수 있는 지혜를 구하고 싶습니다. 하느님과 이웃을 향해 '처음에 지녔던 사랑'이 퇴색치 않는 푸르름으로 남아 있을 수 있도록 애쓰고 기도해야겠습니다.

수사님의 그 고요하고 따뜻한 마음과 제네시 수도원의 색유리처럼 아름다운 기도 속에 저를 자주 기억해주신다고 생각하면 기쁘고 마음 든든하답니다. 그곳의 유명한 빵 굽는 냄새처럼 소박하고 구수한 분위기를 지니셨던 객실의 친절한 죠지 수사님께도 문안드려주시길 바랍니다. 떠나신 지 오래되므로 모국의 산천과 사람들이 종종 그리우실 수사님께 새로 나온 한국 우표도 몇 장 동봉할게요. 주님의 은총 속에 부디 건강하시고 새해 복 많이 받으십시오!

수평선을 바라보며

노영심에게

'바다는 짜다. 그가 적당히 짠 것은 자신에 대한 신고辛苦이다. 그래서 부패하지 않는다. 그리고 그 가슴에 품은 모든 생명이 달콤한 나태에 빠지지 않게 한다. 그는 스스로 죽지 않는 생명이며 남을 위한 소금인 것이다. 바다는 언제나 그 등어리에 태양을 동반하면서도 나의 눈높이 아래서 일렁이고 있다.'

최근에 몇 번이나 되풀이해 읽은 황덕중 님의 〈바다〉라는 수필의 일절을 소개하며 지금은 먼 여행길에 있을 영심의 모습을 그려 봅니다. 얼마 전에 인편으로 보내준 앙증스런 십자가와 카드는 잘 받았어요. 이곳을 두 번째 방문했을 때 우리가 함께 보았던 고운 무지개를 크레용으로 그린 걸 보니 무척 인상적이었는가 보지요?

나만큼이나 바다를 좋아하는 영심에게 나도 오늘은 수채화용 물감으로 하늘 같은 바다, 바다 같은 하늘을 그려보내고 싶군요.

난 얼마 전에 언덕 위의 솔숲 집으로 방을 옮겼는데 이 방의 이름을 '솔숲 흰구름방'이라고 혼자 정해놓고 즐거워한답니다. 여기서 일터까지는 천천히 걸어도 3, 4분밖에 안 되는 거리지만 수평선을 바라보며 걸을 수 있는 기쁨이 있어 늘 새롭답니다.

하늘과 바다가 맞닿은 수평선을 바라보면 영원한 하느님도, 끝없이 출렁이는 사랑도 더 가까이 있는 것만 같고, 내 안에 자리했던 욕심, 미움, 원망, 분노의 찌꺼기들이 사라지고 텅 비어버린 수평의 마음이 되는 것을 느낍니다. 날마다 수평선을 바라보며 기도하고, 밥을 먹고, 일을 하다 보니 바다가 없는 도시엘 가면 이내 답답하고 지루해져서 꿈에도 자주 바다가 펼쳐지곤 합니다.

꼭 짜여진 규칙적인 일상 안에도 어느새 바다가 스며들어와 긴장과 단조로움을 잊게 해주고, 나의 좁은 소견으로 어떤 사람과의 관계가 트이질 못해 괴로워할 때도 바다는 파도를 일으키며 달려와 "넓어져라, 넓어져라" 하는 속삭임만으로는 안 되는지 물살로 사정없이 나를 때려주곤 합니다.

해가 떠오를 때는 만남과 생성의 환희 가득한 아름다움을, 해가 질 때는 이별과 소멸의 애틋한 아름다움을 내게 보여주며 무한대의 아름다움으로 길게 누워 있는 수평선을, 그 푸른 음악과 시를 사랑합니다. 바닷가에서 휴가를 즐기는 많은 사람들에게 나는 "수평선을 바라보세요. 움직임을 멈추고 모래밭에 앉아 고요한 마음으로 수평선을 바라보면 푸른 평화가 고여오는 소리가 들릴 거예요"라고 말하고 싶습니다.

조용하고도 힘찬 바다의 소리를 영심인 피아노 소리에 담을 수 있을 테지요? 레이스 달린 원피스를 즐겨 입는 영심이가 이곳에서 피아노 치고 노래하던 일, 이야기하다 말고 눈물을 보이던 일, 일기장을 가슴에 꼭 품고 다니던 일, 함께 조가비를 주으며 즐거워하던 일이 잔잔한 그림으로 떠오르네요.

누구에게나 편안함을 느끼게 하는 해맑고 자연스런 웃음, 바빠도 서두르지 않는 태도와 꾸밈없는 말씨의 은은한 매력을 지닌 음악인, 늘 작은 것에도 의미를 부여하며 기도하고, 꾸준히 선과 사랑을 추구하고 실천하려는 영심의 그 모습이 반갑고 고마워요. 지난번엔 파푸아뉴기니에 갔다가 그곳의 한국 수녀님들로부터 세실리아라는 이름까지 미리 받았다니 조금은 부담이 되겠지만 언젠가는 영세를 받도록 나도 기도할까요?

무척 아름답다는 시애틀에서의 남은 일정도 잘 마친 후 더 성숙한 모습으로 우리 앞에 나타나 멋진 '이야기 피아노'도 들려줄 수 있길 기대합니다. 난 올해 안으로 해남 땅끝 마을과 목포에 있다는 조개 박물관에 가보고 싶은데 뜻대로 될지 모르겠군요.

오늘은 치자꽃 향내 나는 주일. 잠시 창문을 열고 수평선에 눈을 씻은 다음 저녁기도에 가야겠어요. 안녕.

혼자만의 시간

스테파노 선생님께

나뭇잎 하나가
벌레 먹어 혈관이 다 보이는 나뭇잎 하나가
물속이 얼마나 깊은지 들여다보려고
저 혼자 물 위에 내려앉는다

나뭇잎 하나를
이렇게 오도마니 혼자서 오래오래 바라볼 시간을 갖게 된 것이
도대체 얼마 만인가

《외롭고 높고 쓸쓸한》이란 제목의 시집을 펴낸 바 있는 안도현 시인의 〈나뭇잎 하나〉란 이 시를 공감하며 읽어보는 조용한 주일

오후입니다.

 스테파노 선생님, 아네모네와 여러 고운 꽃 우표가 붙어 있는 정성스런 편지는 반갑게 받았습니다. 베토벤의 〈전원교향악〉을 좋아해 필라델피아 중심가에 개업하는 새 식당 이름도 '전원'이라고 하셨다지요? 하루 종일 고전음악이 흐르는 그곳에서 손님들이 잠시나마 기쁘게 쉼의 시간을 가질 수 있으면 좋겠습니다.

 만남의 인사도 으레 바쁘냐고 먼저 물어볼 만큼 늘 일 속에 파묻혀 사는 바쁜 시대의 우리들은 일부러 큰맘 먹고 선행하지 않으면 자기 혼자만의 시간을 갖고 기도하거나 조용한 명상 안에서 자신의 내면을 깊이 들여다보는, 조금은 쓸쓸하지만 고즈넉한 기쁨이 고여오는 시간을 갖기가 어려운 듯합니다. 신과 자연과 인간 그리고 모든 사물에 대해 좀 더 깊이 생각하고 오래 바라볼 틈을 갖지 못하는 것이지요.

 한 가지 일이 끝났다 싶으면 또 해야 할 일이 생기고, 거듭되는 만남의 약속을 위해 쉴 새 없이 계획표를 짜야 하는 일도 때로는 우리를 힘들고 피곤하게 만듭니다. 이번 달의 잡지를 아직 다 읽지도 않았는데 어느새 또 다음달 잡지가 도착하는 것을 보면서 새삼 시간의 빠름을 절감하기도 합니다.

 위의 시를 읽으면서, 저도 요즘은 그리 대단한 일을 하는 것도 아니건만 맡은 일들과 사람들 사이에서 분망하게 보내느라 차분히 혼자만의 시간을 갖고 재충전하지 못한 저 자신의 모습을 떠올리게 되었습니다.

저의 내면의 침묵과 고독의 전류로 충전되지 않으니 사소한 일에서도 실수가 뒤따르고, 다른 이들과의 관계도 원활하지 못하며 삐걱이고 있음을 감지하게 됩니다. 그래서 오늘처럼 이렇게 빈방에서 창문을 열어젖힌 채 멍하니 하늘을 바라보고, 산을 바라보고, 바람 소리를 들을 수 있음이 얼마나 흡족하고 소중한지요. 새 한 마리가 나뭇가지 사이를 부지런히 오르내리다 어느 순간은 움직임을 멈추고 가만히 앉아서 쉬고 있는 모습을 오래오래 바라보는 것 또한 기쁜 일입니다.

다른 날은 몰라도 이제 주일만큼은 누구의 방해도 받지 않고 혼자만의 여유를 가져야겠다고 저도 새롭게 결심해봅니다. 책을 읽거나 글을 쓰는 일도 피하고, 산책을 하든 음악을 듣든, 혼자만의 시간과 공간 안에서 마음을 비우고 가볍게 만드는 연습을 꾸준히 함으로써 여럿이 모여 사는 공동체 생활도 더 잘해낼 수 있으리라 확신합니다.

최근에 가장 감명 깊게 읽은 책 중의 하나인 말로 모건Marlo Morgan의 《무탄트》라는 책에 이런 구절이 있습니다. '평생을 사는 동안 우리가 누구이며 우리의 영원한 본질은 무엇인가를 발견하는 데 우리가 실제로 소비하는 시간은 너무나 적다'라는 이 말은 외적인 일들에 마음이 매여 정신없이 살아가는 오늘의 우리 모습을 되돌아보게 하는 말이라고 생각합니다. 또한 촛불을 켜고 케이크를 자르며 즐기는 생일 파티에 대해 설명하는 이 책의 저자에게 반문하던 호주 원주민들의 말도 잊히지 않습니다.

'나이를 먹는 게 무슨 특별한 일이라도 된다는 말인가요? 나이를 먹는 데는 어떤 노력도 들지 않아요. 우리는 나아지는 걸 축하합니다. 지난해보다 올해 더 훌륭하고 현명한 사람이 되었으면, 그걸 축하하는 겁니다. 하지만 그건 자신만이 알 수 있으니까, 잔치를 열어야 할 때가 언제인지를 말할 수 있는 사람은 바로 잔치의 주인공이지요.'

이 말을 저는 요즘 하루에도 몇 번씩 되어보곤 합니다.

겉으로는 늘 비슷비슷하게 반복되는 평범한 일상의 삶일지라도 끊임없는 노력으로 자신의 내면을 갈고닦는 가운데 다른 이와의 관계를 진정한 사랑과 용서와 이해로 넓혀나간다면 하루하루가 떳떳하고 자유로우며 새로운 기쁨과 보람으로 누가 옆에 없어도 스스로 충만함을 누릴 수 있을 테지요. 아마도 '나이를 헛먹었다'는 자책감에 시달리기보다는 그야말로 작은 축제를 즐기는 느낌을 지닐 수 있으리라 여겨집니다.

스테파노 선생님. 지난번에 제가 보내드린 시들을 여러 사람들과 나누어 가지셨다니 기쁩니다. 오늘도 최근에 발견한 몇 개의 좋은 시들을 보내니 가까운 이웃들과 돌려보시길 바랍니다. 제게 편지를 보내는 독자들 중에는 제 자신의 글보다도 제가 인용한 다른 이의 좋은 글들을 보고 그 감동을 표현하는 분들도 적지 않기에 저는 앞으로도 계속 제가 발견한 아름다운 글들을 이웃에게 실어 나르는 심부름꾼이 되려합니다. 한지에 적힌 글은 액자에 넣어 선물용으로 쓰셔도 좋으리라 생각합니다. 저희 수녀원의 솔 향기, 아카시아 향기 속에 고국의 늦봄을 담아 보내며 기도 안에 뵙겠습니다.

5월의 편지

청소년들에게

해 아래 눈부신 5월의 나무들처럼
오늘도 키가 크고 마음이 크는 푸른 아이들아
이름을 부르는 순간부터
우리 마음 밭에 희망의 씨를 뿌리며
환히 웃어주는 내일의 푸른 시인들아
너희가 기쁠 때엔 우리도 기쁘고
너희가 슬플 때엔 우리도 슬프단다
너희가 꿈을 꿀 땐 우리도 꿈을 꾸고
너희가 방황할 땐 우리도 길을 잃는단다
가끔은 세상이 원망스럽고 어른들이 미울 때라도
너희는 결코 어둠 속으로 자신을 내던지지 말고

밝고, 지혜롭고, 꿋꿋하게 일어서다오
어리지만 든든한 우리의 길잡이가 되어다오
한 번뿐인 삶, 한 번뿐인 젊음을 열심히 뛰자
아직 조금 시간이 있는 동안
우리는 서로의 마음에 하늘빛 창을 달자
너희를 사랑하는 우리 마음에도
더 깊게, 더 푸르게 5월의 풀물이 드는 거
너희는 알고 있니? 정말 사랑해

여러분이 스타입니다
청소년들에게

　한국 대중음악에 한 획을 그었다는 '서태지와 아이들'이 가요계를 떠난 후에도 그들에 대한 팬들의 사랑은 식을 줄을 몰라 그들의 업적을 기리는 기념사업회가 생기고, 얼마 전엔 그들이 활동할 때 입었던 옷과 소품 육백 점을 전시해 추첨 판매하는 행사에 청소년을 비롯해 이만 오천여 명의 사람들이 몰려와 대성황을 이루었다는 기사를 읽은 일이 있습니다.

　인류사에 빛을 남기는 예술인들, 대중에게 많은 영향을 주는 음악인, 탤런트, 배우, 운동선수 등을 상징적으로 일컬어 우리는 흔히 스타라고 부릅니다. 한창 인기가 상승하는 이들에 대해서는 '몸값이 억대로 뛰었다'는 표현을 하기도 하며, 이들의 존재는 한창 나이의 젊은이들에게 자주 선망의 대상이 되기도 합니다.

연예계와는 아무 상관이 없는 나 같은 사람에게도 종종 사진과 편지를 보내며 탤런트가 되고 싶으니 도와달라는 학생들이 있고, 어떤 이들은 아예 학업을 중단하고 연극인이 되고 싶다는 내용의 글을 보내오기도 합니다. 그럴 때마다 나는 너무 서두르지 말 것과 '스타가 되고 싶은 꿈'을 잠시 접어두고 우선 학업을 계속하는 가운데 자신이 진정으로 원하는 것과 자신의 적성이나 능력에 대해서도 좀 더 냉정하게 객관적인 관찰을 할 필요가 있음을 일러주곤 합니다.

해마다 모델이나 탤런트를 모집할 때면 수천 명씩 몰려드는 젊은이들을 볼 때마다 나는 왠지 걱정이 앞서는 마음을 숨길 수가 없습니다. 배우가 되고 싶다는 그 열망 속엔 끝없는 인내를 거듭해 참된 예술인이 되겠다는 치열하고 진지한 성실성보다는 어쩌면 빠른 시일 내에 유명한 인기인이 되고 싶은 일종의 허영심이 포함된 것은 아닐까 하는 생각 때문이지요.

여고 교사인 내 친구의 말에 의하면 요즘은 전에 비해 더욱 많은 학생들이 모델, 탤런트, 앵커우먼 등을 장래 희망으로 표현하고 있으며, 앵커우먼이 되고 싶은 이유 중의 하나도 자기가 좋아하는 연예인과 인터뷰를 하기 위해서라고 대답하는 학생들이 있다고 합니다.

얼마 전 나는 서울에 가서 몇몇 대학가와 번화한 거리를 지나며 요즘 젊은이들의 대담한 옷차림과 패션모델 같은 모습들을 놀라움 속에서 목격하게 되었으며, 날씬한 몸매와 고운 피부를 가꾸기 위해 최대의 관심과 노력을 기울이는 이들의 개인적인 대화나 요란한 선전 문구도 들을 기회가 있었습니다. 어쨌든 성형수술을 해서라도 남보다 더 예뻐지고 싶은 욕구를 쉽게 표현할 뿐 아니라 서슴없이 행동으로 옮기는 이들을 대하면서 전과는 많이 달라진 시대의 흐름을 새롭게 절감하기도 합니다.

물론 우리는 어떤 스타를 자신의 우상으로 사랑하고 존경하며 그와 동일시하는 과정을 거칠 수가 있습니다. 나 역시 한때 그렇게 특정한 대상을 만들어 몰두해본 적도 있습니다. 그러나 이 때문에 너무 많은 시간을 낭비하거나 자신이 할 일도 잊어버리고 단지 그들이 좋아 보인다는 이유로 무조건 그들처럼 되고 싶다는 꿈을 꾸는 것은 어리석은 일이라고 생각됩니다.

기본적인 재능과 조건이 갖추어져 있지도 않은 상태에서 누구나 다 모델, 가수, 탤런트가 될 수는 없는 일이겠지요.

이 세상의 그 누구와도 같지 않고 닮지 않은 유일한 존재, 자기 자신만의 고유한 멋과 매력을 지닌 '하느님의 작품'인 여러분이야말로 참으로 귀하고 아름다운 스타가 아닐까요?

설령 신문, 잡지에 이름이 오르내리는 유명인, 인기인이 못되더라도 우리 모두는 저마다의 자리에서 자기에게 주어진 능력과 재능만큼 열심히 사랑하며 빛을 발하는 숨은 별, 고운 스타로 오늘도 조용히 성장하고 있다고 봅니다.

인도의 위대한 시인 타고르의 말대로, 우리는 다른 이에겐 반딧불로 보임을 개의치 않고 높이 빛나는 하늘의 별들처럼 언제 어디서나 묵묵히 자신의 빛을 밝히는 또 하나의 작은 별들인 것입니다. 지난 삼십 년 동안 나는 '예수'라는 큰 별을 우상으로 삼고 그분이 남긴 사랑의 빛을 따라 걸어가는 여행자라는 생각을 오늘은 더욱 새롭게 해봅니다.

굳이 여러분이 어떤 스타를 우상으로 삼으려 한다면 너무 연예인에게만 집착하지 말고 이 세상에서 선과 진리와 사랑을 가르치고 몸소 실천해왔던 많은 위인들, 성인들 중에서도 찾아보라고 당부하고 싶습니다. 그들의 훌륭한 삶을 추상적인 꿈으로가 아니라 구체적인 행동으로 본받으려고 애쓰면 애쓸수록 여러분은 숨어서도 빛나는 별, 누구에게나 기쁨과 희망을 안겨주는 행복한 별이 될 겁니다.

월동 준비를 하며

숙미에게

　숙미야, 내가 보낸 꽃카드는 받아 보았겠지? 며칠 전 무척 오랜만의 통화에서 "언니, 춘천의 가을 하늘이 너무 고운데 꼭 한번 오세요. 예?"라는 그 상냥한 목소리의 초대를 받고 나는 11월이 가기 전에 엽서라도 한 장 보내고 싶었단다.

　어린 시절 방학 때 내가 너의 집에 놀러 가면 너는 식물채집하는 나를 부지런히 따라다니며 도와주곤 했었는데 어느새 여고생 딸까지 둔 몇 아이의 엄마가 되었음이 새삼 신기하다.

　너에게 고모이기도 한 나의 어머니가 지난주에 이곳 부산엘 다녀가셨는데 그분은 이번에도 당신의 고향인 강원도의 아름다움을 한껏 자랑하시더구나.

　얼마 살진 못했지만 나의 출생지이기도 한 양구에서의 어린 시절 추억을 이야기해주시던 어머니의 그 모습에선 아직도 깊고 맑은 강원도의 산골물 소리가 흐르는 것만 같았어.

오늘은 주일이라 모처럼 틈을 내어 배추밭, 파밭, 무밭을 한 바퀴 둘러보았는데 배추, 파, 무잎들의 푸르고 싱싱한 웃음소리가 쏟아지는 것만 같았어. 한 달 전에 우리가 심어놓은 마늘들도 한 뼘 가까이 싹을 틔우는 걸 보고 항상 열려 있는 밭의 생명성과 어머니다움을 새롭게 묵상했다. 정성껏 씨를 뿌리기만 하면 무엇이든지 키워서 열매로 내어놓는 밭, 자주 잊히면서도 묵묵히 제 소임을 다하는 밭처럼 나도 충실하고 겸허하게 살아야겠다고 다짐하며 밭 둘레의 나무들을 돌아보았지. 소나무, 사철나무, 히말라야송, 회향목 등 오랜 지기知己처럼 정다운 수녀원의 상록수들은 한결같은 푸르름으로 내게 희망과 용기를 심어주곤 했단다.

"아니, 이곳 상록수들은 어쩌면 이렇게 반들반들하지요? 기름칠한 것처럼 윤이 나네요"라고 손님들이 감탄을 하면 나는 마치 내가 칭찬을 듣는 것처럼 반갑고 흐뭇한 마음이야. 밭과 나무들 주변에는 새들도 자주 모여들곤 하는데 특히 까치와 비둘기는 수녀원의 안뜰까지도 스스럼없이 찾아와 여유 있는 산책을 즐기곤 하지. 검은빛과 흰빛이 잘 조화된 까치와 흰빛, 회색빛 비둘기는 우리가 입은 옷 빛깔과도 흡사해서 더욱 한 식구 같은 생각이 들기도 한다.

'날아오름으로 / 하루를 시작하는 나의 기도는 / 새로움의 빛에 대한 / 새로운 고마움'이라는 구절을 떠올리게도 했던 새들을 보면 나도 새처럼 단순하고 고독한 자유인이 되고 싶다는 갈망을 더욱 새롭히게 된단다.

상록수 위에 떨어져 더욱 눈에 띄는 단풍잎들 중 몇 개를 집어 들고 방으로 오면서 성당 위의 종탑을 올려다보니 '종소리는 천국에 가장 가까운 음악'이라던 누군가의 말이 떠올랐다. 하루 세 번 어김없이 삼종三鐘을 알리는 종소리를 들으며 우리 동네 사람들은 무슨 생각을 할까 문득 궁금해질 때가 있다.

숙미야, 네가 직접 와본 일은 없지만 내가 사는 곳의 정경을 이제 조금은 그려볼 수 있겠니?

머지않아 곧 12월이 올테고, 월동 준비로 몸도 마음도 바빠지는 요즘 우리는 벌써 성탄맞이 대청소를 시작했단다. 구석구석 먼지를 털어내고 걸레질하며 집 안을 깨끗이 하다 보면 마음까지도 깨끗해지는 느낌이야. 하긴 한 해의 정리 작업인 마음의 대청소도 잊지 말아야겠지.

다가오는 새해에도 너는 가정에서, 나는 수도원에서 각자의 마음과 삶을 더욱 열심히 갈고닦는 '수녀修女'가 되어 기도 안에서 만나길 기도해본다. 내가 만나 뵌 지 오래된 외삼촌, 외숙모에게도 문안드려주길 바라면서 오늘은 이만 줄인다. 안녕

구슬비 시인
권오순 선생님께

송알송알 싸리잎에 은구슬
조롱조롱 거미줄에 옥구슬
대롱대롱 풀잎마다 총총
방긋 웃는 꽃잎마다 송송송

고이고이 오색실에 꿰어서
달빛새는 창문가에 두라고
포슬포슬 구슬 비는 종일
예쁜 구슬 맺히면서 솔솔솔

제가 어린 시절에 그리 자주 불렀던 이 맑고 고운 노랫말은 어른이 된 지금도 사랑스럽게 느껴져서 오늘같이 비오는 날은 더 자주 흥얼거리게 됩니다.

　이원수 선생님이 열다섯 살에 쓰셨다는 〈고향의 봄〉과 권오순 선생님이 열여덟 살에 쓰셨다는 〈구슬비〉는 이제 우리 나라 사람 모두의 정겹고 소중한 노래가 되었습니다. 작품뿐 아니라 삶 자체가 그대로 은구슬, 옥구슬 같았던 권오순 마리아 선생님, 일생을 수녀처럼 사신 선생님, '언제 다시 찾아뵈어야지' 하고 벼르던 중에 선생님이 임종하셨다는 슬픈 소식을 받고 보니 〈구슬비〉의 밝은 노랫말도 오늘은 슬프고 우울하게 느껴집니다.

　사십 킬로그램도 채 못되는 가냘픈 몸으로 평생 신앙에 의지하고 동시만을 써오신 선생님, 불편한 다리와 병약한 몸으로 1948년 단신 월남한 후, 이북에 두고 온 가족들에 대한 그리움과 통일의 염원으로 눈물 속에 끊임없이 기도하셨던 선생님의 그 해맑은 모습을 떠올려봅니다. 몇 년 전 제가 충북 제천 백운리 성당 뒤, '선생님의 꽃숲 속의 오두막집'을 방문했을 때는 너무 반가워 어쩔 줄 모르시며 맛있는 점심도 차려주셨지요. 꽃들이 가득한 정원의 성모상 앞에서 우리가 함께 찍은 사진도 다시 들여다봅니다. 마음처럼 자주 방문은 못했어도 종종 편지를 올리며 어쩌다 고운 우표라도 몇 장 넣어 보내면 소녀처럼 즐거워하셨습니다.

'전 괴팍하리만치 남의 도움을 원치 않는 성격이지만 향그러운 고마움 깊이 간직할게요. 사진, 상본, 우표들 너무 감사했어요. 이곳은 산골이라 기념 우표 구하기도 어려워 겨우 몇 장에서 꼭 하나 남은 것을 수녀님 편지에 썼었는데…… 얼마나 기뻤는지 눈물날 정도였어요.

 감히 바라지 못했던 만남의 기쁨으로 다녀가신 날은 정신을 차릴 수 없었답니다. 몸은 늙었지만 마음만은 아직 철부지인 듯해요. 이런 건강 상태로 아직 살아 있다는 것이 특은 같기도 해요. 평생의 소원인 통일! 비록 제 발로 고향 땅을 못 가보더라도 통일에의 서광만이라도 안고 죽는 게 소망이라 했더니…… 이렇게 오래 살게 해주시나 봅니다.'

 선생님의 음성이 살아나는 듯한 편지들을 읽으며 추억에 잠겨보는 저녁입니다. 짬짬이 예비자 교리도 하고, 집필도 자유롭게 할 수 있었던 흰구름골의 거처를 떠나 수녀님들이 운영하는 '평화모후원' 양로원에 들어가신 후, 선생님은 나날이 더 약해지시고, 독방이 아니기에 글도 마음껏 쓸 수 없음을 안타까워하셨지요.

 '한평생 고독을 즐기며 외롭게 자유롭게 살아오다가 생활이 달라지니 아직 얼떨떨하기만 해요. 오랫동안 정든 흰구름골 오두막을 떠나올 때는 참으로 서운해 눈물겹기도 했지만 이 생활에 적응해 선종 준비나 잘해야겠어요. 마지막으로 부끄러움을 무릅쓰고 작품집을 출간하려 합니다. 이번 추석에도 저는 북녘하늘이나 우러러봐야겠지요. 지난여름 오시어 기념사진 남긴 것이 새삼 감사할 뿐이에요. 가장 아름답고 귀한 추억의 보석이 아닐 수 없어요…….'

  제가 수원의 '평화모후원'에 들렀을 때 선생님은 자꾸만 제게 무얼 해주고 싶어하시기에 하얀 손수건에 선생님의 솜씨로 들꽃을 수놓아주십사고 부탁드렸습니다. 몇 주 후에 선생님은 갖가지 고운 꽃을 수놓고 제 빨래번호인 88번 숫자까지 곱게 새긴 다섯 장의 손수건을 정성껏 포장해서 선물로 보내주셨습니다. 석 장은 아껴두고 두 장을 번갈아가며 쓰고 있는데 그 손수건을 만지작거릴 때마다 선생님의 겸손한 삶의 향기가 느껴집니다. 다시는 돌아오지 못할 먼 길로 떠나시고 나니 이 손수건이 더 귀하게 여겨지고 미리 부탁드리길 잘했다는 생각이 듭니다. 손수건 위의 작은 꽃들을 바라보며 선생님의 〈풀꽃〉이란 동시를 읊어봅니다.

탐스럽게 크고
화사하진 못해도

장미처럼 곱고

예쁘진 못해도

파란 하늘 한 옹큼

품은

하늘색 꽃이게 해주세요

이름은 없어도

하늘색 꽃이면 그만이어요

이젠 그토록 좋아하시는 하늘색 꽃이 되어 하늘나라로 떠나신 마리아 선생님, 〈구슬비〉의 시인 선생님, 선생님을 부르면 늘 즐겨 입던 고운 한복을 차려입으시고 미소를 보내실 것만 같습니다.

〈구슬비〉를 애창하던 어린 소녀가 어느 날 수녀가 되어 그 노랫말의 주인이신 선생님을 만나 뵙고 구슬비처럼 맑고 고운 정을 나눌 수 있었음은 참으로 잊을 수 없는 축복의 인연이며 추억이 아닐 수 없습니다.

이제 선생님은 비록 저세상으로 떠나셨어도 아름다운 〈구슬비〉 노래 속에 동심으로 이어지는 기도 속의 만남이 있기에 슬픔 중에도 위로를 받습니다. '구슬비' 선생님, 부디 편히 쉬십시오.

어느 날의 죽음을 생각하며

숙영 언니께

'주님, 삶은 하나의 선물입니다. 저희에게 빌려주신 삶을 겸손히 받아들이게 하소서. 그러면 죽음이 우리에게 그렇게 낯선 것은 아닐 것입니다. 삶은 또 하나의 과제라서―함께 살아가라는, 함께 겪어가라는 과제입니다. 이 어려운 날들에 서로를 다시 발견할 수 있도록 도와주소서.'

근래에 읽은 벨기에 작가 카트린 제나베의 《이별에 부치는 구름》의 일절입니다. 가르멜수녀원에 계신 저의 언니 수녀님과 함께 제 수도생활의 든든한 동반자가 되어주셨던 외사촌 언니 숙영(소피아) 수녀님, 언니가 암으로 투병하다 몇 달 전 저세상으로 떠나신 것이 아직도 믿기지 않음은 제가 장례미사에도 참여하지 못해서일까요? "있잖아, 나 곧 죽는대. 조시弔詩 한 편 준비해두렴."

어느 날 전화로 울먹이며 언니가 말했을 때 전 무슨 말을 해야 할지 몰랐고, 그후 언니는 병원에서 정릉의 본원으로 들어가 마지막 준비를 했습니다.

임종 한 달 전에 제가 찾아뵈었을 때 언니는 거의 뼈만 남은 앙상한 몸으로 "숙영 낭자는 곧 떠나간다" "이젠 갈증을 축이는 얼음조각만이 내 음식이야" 하며 밝게 웃으셨지요. 가회동에 살던 어린 시절, 저는 동생을 데리고 돈암동의 언니 댁을 자주 갔었는데, 그때의 어질고 단아한 여고생 모습의 언니가 늘 기억에 남는다고 했더니 추억에 잠긴 듯 즐거워하셨지요. 언니가 제게 마지막 선물로 주신 십자가와 손수 만드신 앞치마도 소중히 간직하고 있습니다.

오랜 세월 언니와 깊은 우정을 나누었던 세라피나 수녀님은 얼마 전 제게 카드를 보내시며 언니로부터 진정한 사랑, 이해심, 성실함을 배우셨다고 했습니다. 언니의 무덤가에 언니가 좋아하는 백합꽃을 바치고, 연도 대신 평소에 늘 함께 바치던 성무일도를 바치셨다고 해요.

"언니, 죽음이 두렵지 않나요?"라고 제가 물었을 때 "아니, 전혀 그렇지 않아. 그런데 떠나는 일이 왜 이리 힘들까?"라고 조용히 말씀하시던 그 평온한 모습을 떠올려봅니다. 극심한 고통 중에도 늘 남을 배려할 줄 알며, 자기중심적인 연민에 빠지지 않고 그토록 의

연히 죽음을 맞이할 수 있던 언니가 부럽습니다. 저도 언니처럼 될 수 있도록 도와주시길 빌며 어느 날 묘지에서 떠올랐던 생각을 〈묘지에서〉란 한 편의 시로 적어봅니다.

    욕심을 다 벗어버린
    하얀 뼈들이 누워 있는
    이 침묵의 나라에 오면
    쓸쓸하고 평화롭다

    지워지지 않는 슬픔을
    한 묶음의 들꽃으로 들고 와
    인사하는 이들에게
    죽은 이들은 땅속에서
    어떤 기도로
    응답하는 것일까

    돌에 새겨진 많은 이름들
    유족들이 새긴 이별의 말들
    다시 읽어보며
    나는 문득

누군가 꽃을 들고 찾아올
미래의 내 무덤을 생각해본다

그때 나는 비로소
하얗게 타버린
한 편의 시가 되어 누워 있을까

사랑하는 이들로부터
잊혀지는 슬픔에서조차
해방될 수 있는 가벼움으로
하얗게 삭아내릴까

자꾸만 뒤를 돌아보며
내려오는 길
하늘엔 노을이 곱고
내 마음엔
이승의 슬픔을 넘어선
고요한 평화가
흰 구름으로 깔려 있다

어린 왕자를 생각하며

생텍쥐페리에게

날마다
해질녘이면
"나는 외롭다"고 칭얼대는
어린 왕자의 쓸쓸한 목소리가 들립니다

별이 뜨면
가장 아름다운 어린 왕자 얘기를
우리에게 남겨놓고
어느 날 마흔네 살의 나이에 하늘나라로 사라진
별 아저씨, 당신을 기억합니다

《어린 왕자》에서 이야기하는
'마음으로 보는 법'을
'길들이는 법'을
날마다 새롭게 깨우치며
우리는 이제 모든 만남에서
설렘의 별을 안고 삽니다

올해는 아저씨의 '탄생 94주년'
비행기 타고 간 하늘길에서의 '실종 50주년'
각종 기념행사와 추모미사가
프랑스에서 열린다는데
신문은 당신을 '사라진 어린 왕자'로
대서특필하였습니다

《어린 왕자》를 읽은 모든 사람들은
의좋은 형제자매가 되어
만난 일도 없는 당신을
따뜻한 마음으로 그리워합니다.

'수녀님, 어린 왕자의 촌수로 따지면

우리는 친구입니다.'
한국어 번역판 머리글을
눈물 나도록 아름답게 쓴 ㅂ스님이
어느 날 제게 써 보냈던 이 말은
항상 반짝이는 별로
제 가슴에 남아 있습니다

잠시 다니러 온 지구 여행을 마치고
다시 제자리로 돌아가기 위해
멋있게 작별할 줄 알았던
어린 왕자의 그 순결한 영혼과
책임성 있는 결단력을 사랑합니다

사라져도 슬프지 않은
별이 되기 위해서도
우리는 오늘 이 순간을 놓치지 말고
사랑으로 길들이며
사랑 속에 살아야겠지요?

우리에게 《어린 왕자》를 낳아주고

홀연히 하늘 저쪽으로 사라져갔던
별 아저씨,
눈이 푸른 아저씨, 고맙습니다
이제 보니 당신은 죽은 게 아니군요
어린 왕자를 닮고 싶은
우리의 영혼 속에
당신은 별 아저씨로 새롭게 태어나
속삭이는군요
"아주 간단한 거야.
잘 보려면 마음으로 보아야 해."

강으로 살아 흐르는 시인이여

시성 타고르에게

인도의 강가에서 태어나
강과 같은 시를 쓰고
인도인과 세계인의 가슴속에
아름답고 따뜻한 강으로
살아 흐르는 시인이여
인간은 흐르기를 그치지 않는
하나의 강이라고 말했던 시인이여

오래된 친구처럼
편안하면서도 늘 새로우며
극히 평범한 것에도

늘 감동을 받는다던 당신은
신과 인간, 자연과 예술을
진심으로 사랑한 시인이었으며
진리를 위해 고뇌한 구도자,
철학자, 사상가, 작곡가, 화가,
연극인이었습니다

당신이 이 세상을 떠나고
사 년 후에 태어난 저는
소녀 시절 처음으로 〈기탄잘리〉
〈원정〉〈초승달〉을 읽고
시인과 구도자의 삶을 꿈꾸었으며
'내 마음이여, 고요해다오
이 커다란 나무들은 기도인 것을'
'별들을 자기네가 반딧불로 잘못
보이지나 않을까 걱정하진 않는다'는
당신의 말을 늘 짧은 기도처럼
외우며 어른이 되었습니다

이제 당신이 태어난 생가에서

당신의 숨결을 느껴보고
당신이 세우신 숲속의 대학
나무 그늘에서
당신의 시를 큰소리로 외우는
나무 같은 학생들을 만나며
당신의 푸른 미소를 봅니다

〈기탄잘리〉를 쓰셨던 아담한 집
마루 끝에 앉아보고
연극할 때 입으시던 낡은 옷을
손끝으로 조심스레 만져보며
깊고 어진 눈빛의 당신이
제 옆에서 기침하는 소리를
듣습니다

'어머니, 꽃은 땅속의 학교에
다니지요. 꽃은 문을 닫고
수업을 받는 거지요.'
당신이 산책을 했을 정원에서
'꽃의 정원'을 외워보고

아름다운 바닷가를 거닐며
어린이 같은 마음으로
당신의 시 속에서 뛰어놉니다
"끝없는 세계의 바닷가에
어린이들의 커다란 모임이 있다"는
그 목소리를 듣습니다

급변하는 현대의 물질문명에
사람들 마음이 미혹당해
선과 평화와 사랑을 잃어버릴까
두려워하고 괴로워했던 당신
위대한 일을 하면서도
숨고 싶어 하며
일상의 작은 의무에 대한 충실성과
평범한 인간으로서의 평범한 삶을
끊임없이 예찬하고 동경했던 당신

비난과 오해의 폭풍에도
의연함을 잃지 않는
고독의 강이었던 시인이여

이제 당신은
겸허하고, 거룩한 목소리로
이 땅의 모든 시인을 부르십니다

항상 깨어 있는 정신으로
매일의 삶 자체를 사랑과
기도의 시가 되게 했던 당신은
우리도 강이 되라 하십니다

세계와 인류를 향해
사랑과 평화의 흐름을 멈추지 않는
길고 긴 시의 강
슬픔 속에서도 웃음을 잃지 않는
살아 있는 강이 되라 하십니다

길 위의 푸른 신호등처럼
희망이 우리를 손짓하고
성당의 종소리처럼
사랑이 우리를 재촉하는 새해 아침
······
다시 시작하는 기쁨으로
다시 살게 하십시오

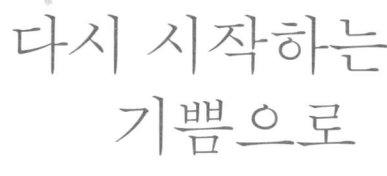

다시 시작하는
기쁨으로

기 도 시

다시 시작하는 기쁨으로

첫눈, 첫사랑, 첫걸음
첫 약속, 첫 여행, 첫 무대
처음의 것은
늘 신선하고 아름답습니다
순결한 설렘의 기쁨이
숨어 있습니다

새해 첫날
첫 기도가 아름답듯이
우리의 모든 아침은
초인종을 누르며

새로이 찾아오는 고운 첫 손님

학교로 향하는 아이들의
나팔꽃 같은 얼굴에도
사랑의 무거운 책임을 지고
현관문을 나서는 아버지의 기침 소리에도
가족들의 신발을 가지런히 하는
어머니의 겸허한 이마에도
아침은 환히 빛나고 있습니다

새 아침의 사람이 되기 위하여
밤새 괴로움의 눈물 흘렸던
기다림의 그 시간들도
축복해주십시오, 주님

'듣는 것은 씨 뿌리는 것
실천하는 것은 열매 맺는 것'이라는
성 아오스딩의 말씀을 기억하며
우리가 너무 많이 들어서
겉돌기만 했던 좋은 말들

이제는 삶 속에 뿌리내리고 열매 맺는
은총의 한 해가 되게 하십시오

사랑과 용서와 기도의 일을
조금씩 미루는 동안
세월은 저만치 비켜가고
어느새 죽음이 성큼 다가옴을
항시 기억하게 하십시오

게으름과 타성의 늪에 빠질 때마다
한없이 뜨겁고 순수했던
우리의 첫 열정을 새롭히며
다시 시작하는 기쁨으로
다시 살게 하십시오

보고 듣고 말하는 일
정을 나누는 일에도
정성이 부족하여
외로움의 병을 앓고 있는 우리

가까운 가족끼리도 낯설게 느껴질 만큼
바쁘게 쫓기며 살아가는 우리
잘못해서 부끄러운 일 많더라도
어둠 속으로 들어가지 말고
밝은 태양 속에 바로 설 수 있는
용기를 주십시오

길 위의 푸른 신호등처럼
희망이 우리를 손짓하고
성당의 종소리처럼
사랑이 우리를 재촉하는 새해 아침

아침의 사람으로 먼 길을 가야 할 우리 모두
다시 시작하는 기쁨으로
다시 살게 하십시오

새해엔 이런 사람이

새해 첫날
제 마음에 펼쳐지는 수평선 위에
첫 태양으로 떠오르시는 주님,
새해라고 하여 새삼 놀랍고
새로운 것을 청하진 않겠습니다
날마다 지녀왔던 일곱 가지 염원
오늘은 사라지지 않는 무지개 빛깔로
제 마음속에 다시 걸어주겠습니다

평범하지만 가슴엔 별을 지닌 따뜻함으로
어려움에도 절망하지 않고

신뢰와 용기로써 나아가는
기도의 사람이 되게 해주십시오

더도 말고 덜도 말고
정월의 보름달만큼만
환하고 둥근 마음
나날이 새로 지어 먹으며
밝고 맑게 살아가는
희망의 사람이 되게 해주십시오

저의 삶에 새해라는
또 하나의 문을 열어주신 주님,
이 문을 통해
세상을 바라보고
사람을 바로 보며
옳고 그른 것을 잘 분별할 줄 아는
지혜의 사람이 되게 해주십시오

너무 튀지 않는 빛깔로
누구에게나 친구로 다가서는 이웃

그러면서도 말보다는 행동이
뜨거운 진실로 앞서는
사랑의 사람이 되게 해주십시오
넓고 큰 인류애엔 못 미치더라도
제 주변을 다사롭게 하는
조그만 사랑부터 시작하고 싶습니다
그늘진 곳에 골고루 빛을 보내는 해님처럼
누구에게나 차별 없이 인정을 베푸신 주님처럼
골고루 사랑하는 법을
저도 조금씩 배워가고 싶습니다

오랜 기다림과 아픔의 열매인
마음의 평화를 소중히 여기며
화해와 용서를 먼저 실천하는
평화의 사람이 되게 해주십시오

그날이 그날 같은 평범한 일상에서도
새롭게 이어지는 고마움이 기도가 되고
작은 것에서도 의미를 찾아 지루함을 모르는
기쁨의 사람이 되게 해주십시오

그리고 할 수만 있다면
임종의 순간까지 기다리지 말고
평소에도 죽음 준비를 하도록 도와주십시오
욕심을 버리는 연습
자기 뜻을 포기하는 연습을 통해
죽음을 준비하는 사람
오늘은 지상에 충실히 살되
내일은 홀연히 떠날 준비가 되어 있는
순례의 사람이 되게 해주십시오

비오니 이 모든 것
헛된 꿈이 아닌
참된 현실이 될 수 있도록
도움을 청합니다, 주님……

부활절 아침에

깊은 잠에서 깨어나
창문을 열고
봄바람, 봄 햇살을 마시며
새들과 함께 주님의 이름을
첫 노래로 봉헌하는 4월의 아침

이 아침, 저희는
기쁨의 수액을 뿜어내며
바삐 움직이는
부활의 나무들이 됩니다

죽음의 길을 걷던 저희에게
생명의 길이 되어 오시는 주님
오랜 시간
슬픔과 절망의 어둠 속에
힘없이 누워 있던 저희에게
생명의 아침으로 오시는 주님

당신을 믿으면서도 믿음이 흔들리고
당신께 희망을 두면서도
자주 용기를 잃고 초조하며
불안의 그림자를 지우지 못해 온 저희는
샘이 없는 사막을 스스로 만들었습니다
사소한 괴로움도 견뎌내지 못하고
일상의 시간들을 무덤으로 만들며
우울하게 산 날이 많았습니다
선과 진리의 길에 충실하지 못하고
걸핏하면 당신을 배반하고도 울 줄 몰랐던
저희의 어리석음을 가엾이 보시고
이제 더욱 새 힘을 주십시오

미움의 어둠을 몰아낸 사랑의 마음
교만의 어둠을 걷어낸 겸손의 마음에만
부활의 기쁨과 평화가 스며들 수 있음을
오늘도 빛이 되어 말씀하시는 주님

주님이 살아오신 날
어찌 혼자서만 주님의 이름을 부르며
어찌 혼자서만
주님을 뵈오러 가겠습니까

부활하신 주님을 뵙기 위해
기쁨으로 달음질치던 제자들처럼
한시바삐 뵙고 싶은 그리움으로
저희도 이웃과 함께
아침의 언덕을 달려갑니다

죄의 어둠을 절절이 뉘우치며
눈물 흘리는 저희의 가슴속에
눈부신 태양으로 떠오르십시오
하나 되고 싶어 하면서도

하나 되지 못해 몸살을 하는
저희 나라, 저희 겨레의 어둠에도
환히 빛나는 새 아침으로
어서 새롭게 살아오십시오

어머니께 드리는 노래

어디에 계시든지
사랑으로 흘러
우리에겐 고향의 강이 되는
푸른 어머니

제 앞길만 가리며
바삐 사는 자식들에게
더러는 잊혀지면서도
보이지 않게 함께 있는 바람처럼
끝없는 용서로
우리를 감싸 안은 어머니

당신의 고통 속에 생명을 받아
이만큼 자라온 날들을
깊이 감사할 줄 모르는
우리의 무례함을 용서하십시오

기쁨보다는 근심이
만남보다는 이별이 더 많은
어머니의 언덕길에선
하얗게 머리 푼 억새풀처럼
흔들리는 슬픔도 모두 기도가 됩니다

삶이 고단하고 괴로울 때
눈물 속에 불러보는
가장 따뜻한 이름, 어머니
집은 있어도
사랑이 없어 울고 있는
이 시대의 방황하는 자식들에게
영원한 그리움으로 다시 오십시오, 어머니

아름답게 열려 있는 사랑을 하고 싶지만

번번히 실패했던 어제의 기억을 묻고

우리도 이제는 어머니처럼

살아 있는 강이 되겠습니다

목마른 누군가에게 꼭 필요한

푸른 어머니가 되겠습니다

성모 성월에

싱그러운 5월의 숲에 계신 푸른 어머니
저희는 오늘
어머니를 그리워하는
목마른 나무들이 되어
당신 앞에 서 있습니다

일상의 삶 안에서
크고 작은 근심으로 초췌해진 당신 자녀들을
그윽한 사랑의 눈길로 굽어보시는 어머니
나무 속을 흐르는 수액처럼
저희의 삶 속에 녹아 흐르는 은총의 시간들

살아온 날들과 살아갈 날들을 고마워하며
5월엔 고향에 돌아온 듯
어머니의 이름을 부릅니다

어둡고 불안한 시대를 살아갈수록
어머니의 하늘빛 평화를 갈구하는
이 땅의 자녀들에게
항상 집이 되어주시는 거룩한 어머니
어머니를 부르면 어느새
저희의 기쁨은 꽃이 되고
슬픔은 잎새가 되고
기도는 향기가 되어 하늘로 오릅니다

만남의 길 위에서
가장 사랑해야 할 가족들과도
더 깊이 하나 되지 못하고
늘 바쁜 것을 핑계로
더 깊이 깨어 살지 못했던
저희의 게으름과 불충실을 용서하십시오
가난하고 외로운 이들과 함께하지 못하고

저희의 오만과 편견으로 그들을
더욱 쓸쓸하게 만들었음을 용서하십시오

죄를 짓고도 울 줄 모르는
저희의 무딘 마음을
은혜로운 눈물로 적셔주시는 어머니
저희의 끝없는 욕망과 이기심의 돌덩이들을
진실한 참회의 기도로 깨뜨려
생명의 샘이 솟아나는 기쁨을 맛보게 해주십시오

항상 저희를 예수의 길로 인도해주십시오
첫걸음을 잘못 떼어 방황하지 않도록
선과 진리의 길이 외롭고 괴롭더라도
흔들림 없이 나아갈 수 있도록
저희의 손을 잡아주십시오

마음의 창에 때처럼 끼여 있는 미움들은
깨끗이 닦아내고
용서와 화해만이 승리하는 사랑의 항해를
길이신 예수와 함께 시작하게 해주십시오

늘 성급하게 살아와서
자신을 제대로 돌아보지 못했던 저희가
오늘은 어머니와 함께 인내를 배우는
기다림의 촛불로 타오르고 싶습니다
늘 믿음이 부족해서
쉽게 절망했던 저희가
오늘은 어머니와 함께 삶의 기쁨을 노래하는
희망과 감사의 촛불로 타오르고 싶습니다

숲과 호수에 출렁이는 은총의 햇빛처럼
어머니와 저희가 하나되는 이 5월엔
지혜의 푸른 불꽃을 가슴에 지닌
한 그루 기도나무가 되겠습니다

썩지 않는 겸손의 소금으로
고통도 하얗게 녹여버리는
멀지만 아름다운 사랑의 길을
저희도 어머니와 함께 끝까지 걷겠습니다

언젠가 하나 되리라는 믿음으로

이름을 부르면 나무 향기를 뿜어내시는 주님
신록의 숲 사이로
장미가 붉게 타는 6월
아름답지만 가시를 지닌 장미처럼
해마다 6월을 맞는 저희 가슴에도
쉽게 뽑히지 않는 슬픔의 가시 하나
숨어서 자라고 있습니다

같은 나라에서 태어나
서로 닮은 모습으로
같은 모국어를 쓰는 한겨레인 저희가

서로 넘을 수 없는 선을 긋고
헤어져 살아온 사십여 년의 세월이
누구의 탓이든 간에 원망스럽습니다
어느 날 느닷없이 남북으로 갈라진 땅
세월이 갈수록 마음마저 갈라진 듯
미움과 불신의 선을 길게 긋고
서로를 비방하는 처지가 된
오늘의 저희를 가엾이 여겨주십시오

어서 통일이 되어야 한다고
말은 쉽게 하면서도 애쓰지 않고
앞으로의 도전과 혼돈이 두려워
성가신 짐은 처음부터 지고 싶지 않은
이기적인 저희를 용서하십시오
길고 긴 세월 동안
기다림과 그리움에 지쳐버린 저희는
이제 적당히 무디어지고 무관심해졌습니다
산 너머 저쪽 북한의 동포들이
추위와 굶주림에 괴로워해도
눈 하나 까딱 않고 편히 지낼 수 있는

저희가 두렵습니다

6월의 장미처럼 핏빛으로 타오르는
예수 성심의 사랑 안에서
이제부터라도 저희 모두
사랑하는 법을 배우게 해주십시오
피보다 진한 사랑으로 겨레를 끌어안고
무조건 이해하고 용서하는 법을
처음부터 다시 배우게 해주십시오

전쟁으로 무참히 죽어간 가족들
아무 준비 없이 헤어진 채
소식조차 모르는 그리운 이들을
꿈에도 못 잊어 눈물 흘리는
저희의 애타는 마음을 기도로 받아주십시오

간절히 당신을 부르는 이의 마음 안에서
조용한 불꽃으로 타오르시는 주님
서로 오해하고 불목하며
많은 세월 헛되이 보낸

저희의 어리석음을 꾸짖어주십시오

사계절 내내 어머니가 되어주는 아름다운 산
정다운 친구로 손 내밀며
유유히 흐르는 조국의 강들을
항상 사랑하고 고마워하는 저희 마음이
남과 북으로 갈라진 땅보다
더 먼저 하나 되게 해주십시오
갈라진 땅에 살면서도 같은 하늘을 보며
진실하게 사랑할 수 있는 용기를 주십시오
쓰라린 이별의 눈물 속에서도 절망하지 않고
언젠가 하나 되리라는 믿음으로
꿋꿋이 시련을 이겨내는
희망의 나무들로 뿌리내리게 해주십시오

휴가 때의 기도

바다라는 말만 들어도
가슴이 탁 트이고
산이라는 말만 들어도
한 줄기의 푸른 바람이
이마의 땀을 식혀주는 한여름
저희는 파도에 씻기는 섬이 되고
숲에서 쉬고 싶은 새들이 됩니다

바쁘고 숨차게 달려오기만 했던
일상의 삶터에서
잠시 일손을 멈추고

쉼의 시간을 그리워하는 저희를
따뜻한 눈길로 축복하시는 주님

가끔 한적한 곳으로 들어가
쉼의 시간을 가지셨던 주님처럼
저희의 휴가도 게으름의 쉼이 아닌
창조적인 쉼의 시간으로 의미 있는
하얀 소금빛 보석이 되게 해주십시오

휴식의 공간이 어느 곳이든지
함께하는 이들이 누구든지
저희의 휴가길에는
쓸데없는 욕심을 버려서 환해진 미소와
서로 돕고 양보하는 마음에서 피어오른
잔잔한 평화가 가득하게 하십시오

피곤한 몸과 마음을 눕히는 긴 잠도
주님 안에 머물면
달콤한 기도의 휴식이리니
저희가 쉴 때에도

늘 함께하여주심을 믿습니다

자연과의 만남을 통해
저희를 새로운 아름다움에
눈뜨게 하여주시고
이웃과의 만남을 통해
삶의 다양성을 이해하게 해주시며
주님과의 만남을 통해
우울하고 메마른 저희 마음의 사막에
기쁨의 샘물이 솟아오르게 해주십시오

때로는 새소리, 바람 소리에 흠뻑 취하는
자유의 시인이 되어보고
별과 구름과 나무를 화폭에 담아보는
화가의 마음을 닮아봅니다
사람들의 마음에 숨겨진 보물을
새로이 발견하고 감탄하기도 합니다
오랫동안 잊고 살던 아름다움의 발견에
가슴이 벅차오르는 순간들도
문득 자신이 초라하게 느껴지는 순간들도

즐거이 봉헌할 수 있음을 감사드립니다

휴가의 순례길에서
저희가 다시 집으로 돌아가기 전에
좀 더 고요하고 슬기로운 사람으로
새로워질 수 있도록 도와주십시오

넓디넓은 바다에서는
끝없이 용서하는 기쁨을 배우고
깊고 그윽한 산에서는
한결같이 인내하는 겸손을 배우며
각자의 자리에서 성숙하게 하십시오
항상 곁에 있어 귀한 줄 몰랐던
가족, 친지, 이웃과의 담담한 인연을
더없이 고마워하며 사랑을 확인하는
은혜로운 휴가가 되게 해주십시오

다시 대림절에

때가 되면 어김없이 떠오르는
밝고 둥근 해님처럼
당신은 그렇게 오시렵니까
기다림밖엔 가진 것이 없는
가난한 이들의 마음에
당신은 조용히
사랑의 태양으로 뜨시렵니까

기다릴 줄 몰라
기쁨을 잃어버렸던
우리의 어리석음을 뉘우치며

이제 우리는
기다림의 은혜를
새롭게 고마워합니다
기다림은 곧 기도의 시작임을
다시 배웁니다

마음이 답답한 이들에겐
문이 되어주시고
목마른 이들에겐
구원의 샘이 되시는 주님

절망하는 이들에겐 희망으로
슬퍼하는 이들에겐 기쁨으로 오십시오
앓는 이들에겐 치유자로
갇힌 이들에겐 해방자로 오십시오

이제 우리의 기다림은
잘 익은 포도주의 향기를 내고
목관악기의 소리를 냅니다

어서 오십시오, 주님
우리는 아직
온전히 마음을 비우지는 못했으나
겸허한 갈망의 기다림 끝에
꼭 당신을 뵙게 해주십시오

우리의 첫 기다림이며
마지막 기다림이신 주님
어서 오십시오
촛불을 켜는 설렘으로
당신을 부르는 우리 마음엔
당신을 사랑하는 데서 비롯된
환한 기쁨이 피어오릅니다

우리를 흔들어 깨우소서

어디서나 산이 보이고 강이 보이는
작지만 사랑스러운 나라
우리가 태어나 언젠가 다시 묻혀야 할
이 아름다운 모국의 땅에서
우린 늘 아름다운 것을 기억하며
아름답게 살고 싶습니다
이 소박한 꿈이 헛되지 않도록
우리를 긴 잠에서 흔들어 깨우소서, 주님
또 한 해가 저물기 전에 두 손 모으고
겸허한 참회의 눈물을 흘릴 줄 알게 하소서

나라의 일꾼으로 뽑힌 사람들이
거짓과 속임수를 쓰며
욕심에 눈이 어두운 세상
자식이 어버이를 죽이고
제자가 스승을 때리며
길을 가던 이들이 무참히 살해당하는
우리의 병든 세상을 불쌍히 여기소서

자신의 편리를 위해 자연을 훼손하고
그럴듯한 이유로 합리화시키며
잉태된 아기를 수없이 죽이면서도
해 아래 웃고 사는 우리의 태연함을
가엾이 여기소서

한 주검을 깊이 애도하기도 전에
또 다른 주검이 보도되는 비극에도
적당히 무디어진 마음들이 부끄럽습니다
하늘에서, 땅에서, 강에서, 바다에서
불의의 사고로 목숨을 잃은
우리 가족과 이웃들을 굽어보소서

잘못된 것은 다 남의 탓이라고만 했습니다
"주님, 저는 아니겠지요?"라고
비겁하게 발뺌할 궁리만 했습니다

자신의 아픔과 슬픔은
하찮은 것에도 그리 민감하면서
다른 사람의 엄청난 아픔과 슬픔엔
안일한 방관자였음을 용서하소서

우리가 배불리 먹는 동안
세상엔 아직 굶주리는 이웃 있음을
따뜻한 잠자리에 머무는 동안
추위에 떨며 울고 있는 이들 있음을
잠시도 잊지 않게 하소서

사랑에 대해서 말하기보다
먼저 사랑을 실천할 수 있도록
생명에 대해서 말하기보다
먼저 생명을 존중할 수 있도록
우리 모두를 변화시켜 주소서, 주님

항상 생명의 맑은 물로 흘러야 할 우리가

흐르지 않아 썩은 냄새 풍기는

오만과 방종으로 더럽혀지지 않게 하소서

사랑이 샘솟아야 할 우리 가정이

미움과 이기심으로 무너져 내리지 않게 하소서

나 아닌 그 누군가가

먼저 나서서 해주길 바라고 미루는

사랑과 평화의 밭을 일구는 일

비록 힘들더라도

나의 몫으로 받아들이게 하소서

처음부터 다시 시작해야 할

참됨과 선함과 아름다움의 집을

내가 먼저 짓기 시작하여

더 많은 이웃을 불러모으게 하소서

지워지지 않는 그리움을 가슴에 묻고

나직이 죽은 이를 불러보는 낙엽의 계절

우리는 이제 뉘우침의 눈물을 닦고

희망의 첫 삽에 기도를 담습니다, 주님

슬픈 기도
'삼풍' 사고의 희생자들을 기억하며

우리가 사랑하는 많은 사람들이
우리가 잘못 지어 무너진 건물에 깔려
처참히 목숨을 잃었습니다
매일 새로운 시신을 찾아냈다는
차디찬 죽음의 뉴스를 들어야 하는
이 우울한 여름의 슬픈 기도는
빗물처럼 흐르는 눈물일 뿐
그 누구도 그 무엇도
위로가 될 수 없는 절망의 한숨일 뿐

다시는 기억하고 싶지 않지만

잊어서도 아니 될
이 엄청난 희생과 슬픔은
멈추지 않는 원망과 분노의 파도로
밤에도 우리를 덮쳐와 휴식을 잃습니다
앞으로의 교훈으로 삼기엔
너무 깊고 큰 이 아픔은
흉하게 무너져 내린 콘크리트 더미보다
더 괴롭고 무겁게 우리를 내리누릅니다

어둠에서 빠져나온 기적의 사람들을 반기느라
우리는 잠시 슬픔을 잊기도 했지만
아직도 따뜻한 웃음이 눈에 선한
우리의 수많은 그리운 얼굴
사랑스런 아들, 딸, 언니, 오빠
해와 달처럼 집 안을 비춰주던
소중한 엄마, 아빠, 다정한 연인들
본래의 모습대로 다시
돌려받을 기적은 없는 것입니까?
꿈에라도 보고 싶은 그리운 이들
흔적이라도 만지고 싶어 찾아 헤매는

가족들의 애타는 기다림
목쉰 통곡 소리를 들으십니까?

정말 잘못했다고
이젠 잘해 보겠다고
항상 늦게야 가슴을 치는
우리의 어리석음을 불쌍히 여기소서
돌덩이처럼 무디어진 우리의 양심
오만한 이기심과 눈먼 욕심
서두르지 못한 게으름과
깨어 있지 못한 안일함으로
가까운 이들을 죽음으로 몰아부친
우리의 잘못을 용서해달라기엔
너무 염치가 없으니 용서하지 마소서
차라리 두려운 침묵으로 벌하여주소서

괴롭게 신음하다 죽어갔을 영혼들
부디 밝은 곳에 편히 눕게 해주시고
상처 받은 이들 낫게 하시며
평생 뽑히지 않을 슬픔의 못이 박힌

유족들의 마음에 함께하소서

힘든 중에도 생업을 포기하고
구조와 봉사로 땀 흘렸던
사랑의 이웃들을 어여삐 보시고
우리가 서로의 지친 손 마주잡으며
슬픔을 이겨낼 힘과 용기를 주소서
무고한 이들의 희생이 헛되지 않도록
살아남은 이들은 이제
다시 사랑하는 법을 배우며
다시 책임지는 법을 배우며
이 아픔을 조금씩 견뎌내게 하소서

성탄 편지

친구여, 알고 계시지요?
사랑하는 그대에게
제가 드릴 성탄 선물은
오래전부터
가슴에 별이 되어 박힌 예수님의 사랑
그 사랑 안에 꽃피고 열매 맺은
우정의 기쁨과 평화인 것을

슬픈 이를 위로하고
미운 이를 용서하며
우리 모두 누군가의 집이 되어

등불을 밝히고 싶은 성탄절
잊었던 이름들을 기억하고
먼 데 있는 이들을
가까이 불러들이며 문을 엽니다

죄가 많아 숨고 싶은
우리의 가난한 부끄러움도
기도로 봉헌하며
하얀 성탄을 맞이해야겠지요?
자연의 파괴로 앓고 있는 지구와
구원을 갈망하는 인류에게
구세주로 오시는 예수님을
오늘 다시 그대에게 드립니다

일상의 삶 안에서
새로이 태어나는 주님의 뜻을
우리도 성모님처럼
겸손히 받아 안기로 해요
그동안 못다 부른 감사의 노래를
함께 부르기로 해요

친구여, 알고 계시지요?
아기예수의 탄생과 함께
갓 태어난 기쁨과 희망이
제가 그대에게 드리는
아름다운 새해 선물인 것을……

한 해를 돌아보는 길 위에서

우리가 가장 믿어야 할 이들의
무책임과 불성실과 끝없는 욕심으로
집이 무너지고 마음마저 무너져 슬펐던 한 해
희망을 키우지 못해
더욱 괴로웠던 한 해였습니다

마지막 잎새 한 장 달려 있는
창밖의 겨울나무를 바라보듯
한 해의 마지막 달인
12월의 달력을 바라보는 제 마음엔
초조하고 불안한 그림자가 덮쳐옵니다

- 연초에 세웠던 계획은 실천했나요?
- 사랑과 기도의 삶은 뿌리를 내렸나요?
- 감사를 잊고 살진 않았나요?

달력 위의 숫자들이 눈을 크게 뜨고
담담히 던져오는 물음에
선뜻 대답을 못해 망설이는 저를
누구보다 잘 알고 계시는 주님
하루의 끝과 한 해의 끝이 되면
더욱 크게 드러나는
저의 허물과 약점을 받아들이고
반복되는 실수를 후회하는 일도
이젠 부끄럽다 못해 슬퍼만지는
저의 마음도 헤아려주십니까

정성과 사랑을 다해
제가 돌보아야 할 가족, 친지, 이웃을
저의 무관심으로 밀어낸 적이 많았습니다
다른 이를 이해하고 참아주며
마음을 넓혀 가려는 노력조차

너무 추상적이고 미지근할 때가 많았습니다
이웃과의 잘못된 관계를
개선하기 위한 도전과 아픔이 두려워
바쁜 일이나 거짓된 평화 속으로
자주 숨어버린 겁쟁이였음을 용서하십시오

남에겐 좋은 말도 많이 하고
더러는 좋은 일도 했지만
좀 더 깊고 맑게
자신을 갈고닦으려는 노력을
게을리한 위선자였음을 용서하십시오

'구슬이 서 말이라도 꿰어야 보배'라고
늘상 되뇌이면서도
새롭게 주어지는 시간의 구슬들을
제대로 꿰지 못해 녹슬게 했습니다
바쁜 것을 핑계로
일상의 기쁨들을 놓치고 살며
우울한 늪으로 빠져들어
주위의 사람들까지 우울하게 했습니다

아직 비워내지 못한 마음과
낮아지지 못한 마음으로
혼자서도 얼굴을 붉히는 제게
조금만 더 용기를 주십시오
다시 시작할 지혜를 주십시오

한 해를 돌아보는 길 위에서
저녁놀을 바라보는 겸허함으로
오늘은 더 깊이 눈감게 해주십시오
더 밝게 눈 뜨기 위해……

들음의 길 위에서

어제보다는
좀 더 잘 들으라고
저희에게 또 한 번
새날의 창문을
열어주시는 주님

자신의 안뜰을
고요히 들여다보기보다는
항상 바깥일에 바삐 쫓기며
많은 말을 하고 매일을 살아가는 모습
듣는 일에는 정성이 부족한 채

'대충' '건성' '빨리' 해치우려는
저희의 모습을 자주 보게 됩니다

가장 가까운 이들끼리
정을 나누는 자리에서도
상대방의 말을 주의 깊게 듣기보다는
각자의 생각에 빠져
자기 말만 되풀이하느라
참된 대화가 되지 못하고
독백으로 머무를 때도 많습니다

- 우린 참 들을 줄 몰라
- 왜 이리 참을성이 없지?
- 같은 말을 쓰면서도 통교가 안되다니

잘 듣지 못함을 반성하고 나서도
돌아서면 이내 무디어지는
저희의 어리석음과 습관적인 잘못은
언제야 끝이 날까요

정확히 듣지 못해
약속이 어긋나고
감정과 편견에 치우쳐
오해가 깊어질 때마다
사람들은 저마다 쓸쓸함을 삼키는
외딴섬으로 서게 됩니다

잘 들어야만 사랑이 이루어짐을
들음의 삶으로써 보여주신 주님
오늘도 아침의 나팔꽃처럼
활짝 열린 가슴과 귀로
저희가 진정
주님의 말씀을 잘 듣게 하여주소서
언어로 몸짓으로 마음으로
자신을 표현하는 이웃의 언어에
민감히 귀 기울일 줄 알게 하소서

말하기 전에
듣기를 먼저 배우는
겸손한 어린이의 모습으로

현재의 순간이 마지막인 듯이
성실을 다하는 수행자의 모습으로
들음의 여정을 다시 시작하는
들음의 사람이 되게 하소서

잘 들어서
지혜 더욱 밝아지고
잘 들어서
사랑 또한 깊어지는 복된 사람
평범하지만 들꽃 향기 풍기는
아름다운 들음의 사람이 되게 하소서

만남의 길 위에서

세상에 살아 있는 동안
제가 아직 주님을 만나지 못했다면
다른 사람들과의 만남 또한
아름다운 축복이며 의미 있는 선물로
이어지지 못했을 것입니다

진정 당신과의 만남으로
저의 삶은 새로운 노래로 피어오르며
이웃과의 만남이 피워내는 새로운 꽃들이
저의 정원에 가득함을 감사드립니다

만남의 길 위에서
가장 곁에 있는 저의 가족들을 사랑하고
멀리 있어도 마음으로 함께하는
벗과 친지들을 그리워하며
저의 편견과 불친절과 무관심으로
어느새 멀어져 간 이웃들을
뉘우침의 눈물 속에 기억합니다

깊게 뿌리내리는 만남이든지
가볍게 스쳐 지나가는 만남이든지
모든 만남은 제 자신을
정직하게 비추어주는 거울이 되며
인생의 사계절을 가르쳐주는 지혜서입니다

사람들의 서로 다른 모습들만큼이나
다양하게 열려오는 만남의 길 위에서
사랑과 인내와 정성을 다하신 주님
나무랄 데 없는 의인뿐 아니라
가장 멸시받는 죄인들에게조차
성급한 판단과 처벌의 돌팔매질보다는

자비와 연민으로 다가가셨던 주님

당신의 그 모습을 생각하면

사랑하는 일에서도

늘 계산이 앞서고

까다롭게 따지려드는

저의 옹졸함이 너무도 부끄럽습니다

습관적으로 남을 먼저 판단하고

늘상 이웃 사랑을 강조하면서도

실제로는 이기적인 태도로

슬픔과 상처를 이웃에게 더 많이 주었으며

용서하는 일에는 굼뜨기 그지없었음을 용서하십시오

때로는 만남에서 오는 축복보다

작은 근심과 두려움을 더 많이 헤아리며

남을 의심하는 겁쟁이임을 용서하십시오

앞으로도 멀리 가야 할 만남의 길 위에서

저의 비겁한 경계심을 무너뜨리고

당신처럼 겸허하고 자유로운

기쁨의 순례자가 되게 해주십시오

반갑고 기쁘게 다가오는 만남뿐 아니라
성가시고 부담스런 만남까지도
사랑으로 승화시킬 수 있는
깊고 높은 지혜와 용기를 주십시오

저는 비록 완벽하지 못한 사람이지만
사람을 사랑할 줄 아는 좋은 사람으로
좋은 만남을 이루며 살고 있습니다

많이 사랑할수록 더 맑게 흐르는
주님의 바다를 향해
저도 이웃을 더 많이 사랑하며
쉼 없이 흘러가는
작지만 아름다운 시냇물이 되고 싶습니다

와사등의 불빛처럼

고故 김광균 선생님께

지병持病으로 말문이 닫혔어도
마음 문은 열려 있어
문병을 갈 때마다
그토록
좋아하시던 등불 같은 미소로
환히 반겨주시던 선생님

시를 너무 사랑하시기에
오히려 남보다 적게 쓰시며
가슴에 시를 개켜두신 선생님은
"시를 쓰지 않더라도

항상 시의 불꽃을 지니고 살라"고
제게 일러주셨습니다

흰 눈을 좋아하셔서
흰 눈이 내리던 날
성스런 사제의 품에 안겨
흰 눈처럼 고요히
세상을 하직하신 선생님

"저는 옛날부터
산문은 피하고 살아왔습니다.
산문을 쓰는 동안 시가 새어나가
시의 금고金庫가 바닥날 듯한 불안 때문입니다."

선생님이 지상에 두고 가신
아름답고도 쓸쓸한 시편들과
제게 주신 편지들을 다시 읽노라면
그리움의 눈물이 하얀 눈꽃으로
제 마음의 창에 얼어붙습니다

"저는 나이 탓도 있습니다만
일생一生에서 시를 뺀다면
참 형편없는 인간이라 생각합니다.
시작詩作에 겁이 나시는가 본데
주저하지 마시고 용기를 내어
새로운 시를 써주십시오."

선생님의 기대와 달리
저는 아직도 시의 나무에
좋은 열매 하나 못 달았지만

항상 격려해주시던 그 목소리는
와사등의 불빛처럼 은은하게
제 영혼을 밝혀주고 있습니다

마지막 기도

요산樂山 김정한 선생님 고별식에서

기도하는 이에게
항상 산이 되어 오시는 생명의 주님
산이 좋아
그 이름도 산이라 하고
한평생 고고한 지혜의 산으로 살다
이제 마침내
깊고 그윽한 산이 되어
여기 누으신 분
요산樂山, 요셉 선생님을
흠도 티도 없는 당신의 그 나라에
받아주십시오

낙엽 타는 향기 속에 저무는 11월
그분이 이승에서 마지막 숨을 몰아쉴 때
함께 괴로워하셨던 주님
임종의 머리맡에서 함께 기도하던 저희에게
소리의 언어 대신 침묵의 눈물로
마지막 작별을 고하던 고인故人의
미처 쏟아내지 못한 눈물
사랑하는 이들에 대한 그리움과
사무치는 회한도 받아주십시오

이별의 슬픔 속에
할 말을 잃은 이들에게
끝없는 강이 되어 오시는 구원의 주님
길고 긴 낙동강을 고향의 벗으로
한평생을 정의의 강이 되어 살았기에
그만큼 괴로움도 길었던 당신의 사람
거룩한 의인 성요셉처럼
어떤 시련 속에서도
흔들림 없는 믿음과 인내와 용기로
의연하고 꿋꿋하게

진리와 평화의 길을 끝까지 걸어간
이 시대의 의인義人, 요셉 선생님을
아름다운 하늘나라에 받아주십시오

어둠이 없는 빛의 나라
미움이 없는 사랑의 나라
절망이 없는 희망의 나라에서
편히 쉬게 하여주십시오
지상에 두고 가는 가족, 친지들과
더 깊이 결합하여 함께 머무는
환한 빛이 되게 하여주십시오
진정 당신이 계시기에 죽음이 끝이 아님을
오늘 더욱 새롭게 알아들으며
별처럼 빛나던 당신의 사람
저희의 가장 소중했던 한 분을
이제 영원히 당신께 봉헌합니다

사랑의 길 위에서
고故 이광재 디모테오 신부님께

한 번도
당신을 만난 적이 없지만
당신을 생각하면 목이 메이고
동해의 바닷바람, 가을바람이
가슴을 적십니다
당신의 그 온전한 봉헌은
우리를 울게 합니다

1909년 6월 가난한 시골에서 태어나
1936년 3월 사제로 서품되시고
1950년 10월 41세로 생을 마치실 때까지

당신의 매일은 그대로

그리스도의 사랑으로 타오른 불꽃이었으며

그분의 수난에 동참한 거룩한 미사였습니다

참혹한 전쟁의 한가운데서도

자신을 보호할 수 있는

안전지대로 가지 않고

죽음이 더 가까운 위험지대로

뛰어들기를 주저하지 않으신 신부님

어리석게도 그것은 오직

사랑 때문이라 하셨습니다

단 한 명의 신자를 위해서도

사제는 희생할 의무가 있다며

스스로 피 흘려 제물 되신 신부님

"교회의 앞날을 위해

나보다 더 훌륭한 성직자, 수도자를

하나라도 더 구해야 한다"며

목숨을 걸고 그들의 월남길을 돕는

길잡이로 온갖 고초를 겪으시다가

마침내 체포되어 죽임을 당하신 분
감옥에서도 기도를 멈추지 않으시고
어둠과 악취뿐인 방공호 속에서
총을 맞고 숨져가는 최후의 순간까지
자신보다 이웃을 더 많이 생각했던
당신은 진정 또 하나의 예수였습니다
죽어가는 동료들의 신음 소리 들릴 때마다
"응, 내가 가지요. 내가 도와드리지요"
"물을 떠다 드릴 텐데 일어날 수가 없군요" 하고
극심한 고통 중에서도 이웃을 향해
사랑의 헛소리를 되풀이하셨던 신부님

앉지 않고 꿇어서 고해성사를 들으시고
잠시 머물던 나그네와 헤어질 때도
이승에서의 마지막을 예감하고
강복을 주시며 눈물 흘리셨던 신부님
당신은 진정 위대한 성자
잊혀짐을 두려워 않는 겸손한 성자였음을
이제 우리는 다시 압니다
이웃을 살리는 사랑의 길이 되어

당신은 오래전 우리 곁을 떠나셨지만
죽음보다 강한 그 믿음, 그 사랑은
당신이 목숨 바쳐 사랑했던
한국 교회 안에, 우리 가슴 안에
더 깊이 뿌리내려 열매 맺고 있음을
하늘나라에서 기뻐해주십시오

맡겨진 양 떼를 돌보는 선한 목자로서
11년 동안 밤낮으로 애쓰시던
이곳, 양양성당에 와서
우리는 당신의 손때 묻은 기도서와
남루한 제의를 만져보며
사랑의 숨결을 느껴봅니다
당신의 시신이 묻힌 원산
가깝고도 먼 북녘 땅을 바라보며
당신을 그리워합니다

순교의 마지막 순간까지
당신이 찬미했던 주님을
우리도 새롭게 찬미하며

간절히 기도합니다
갈라져서 상처가 많은
우리 겨레의 화해와 일치를 도와주십시오
우리의 처음과 마지막 행동이
당신처럼 두려움 없는 사랑일 수 있도록
더 깊고 큰 믿음을 뿌리내리게 해주십시오